インタラクションの認知科学

日本認知科学会 ‖監修‖ 「認知科学のススメ」シリーズ **8**
Invitation to Cognitive Science

今井倫太 著　内村直之 ファシリテータ
植田一博 アドバイザ

新曜社

「認知科学のススメ」シリーズの刊行にあたって

　人間や動物は，どのように外界の情報を処理し，適切に反応しているのでしょうか？　認知科学は，このような関心から，動物も含めた人間の知能や，人工知能システムなどの知的システムの性質や処理メカニズムを理解しようとする学問です。人間や動物のさまざまな現象にかかわるため，認知科学は，心理学，進化学，情報科学（とくに人工知能），ロボティクス，言語学，文化人類学，神経科学・脳科学，身体運動科学，哲学などの幅広い分野の研究者が集まって作られました。そのため認知科学は，これらの諸分野を横断する学際的な学問分野となっています。

　認知科学はこのように幅広い領域にわたるため，数学，物理，歴史などの伝統的な分野と比べて，体系化することは容易ではありません。そのためもあってか，私たち自身について知るための基本的な学問であるにもかかわらず，これまで中学校や高校の教育の中で教えられることはありませんでした。しかし学問の存在を知らなければ，その道へ進もうと志す人もなかなか現れません。このことは，社会にとって残念なことです。

　そこで，これから大学で本格的に学問に取り組む若い方々やこの分野に関心をもつ一般の社会人の方々に，この分野でどのようなことが研究されており，どのような面白い成果が得られているのかを知っていただくために，日本認知科学会は「認知科学のススメ」シリーズを刊行することにいたしました。

　国内のほとんどの学術書は，研究者自身がテーマに沿って研究を紹介するという執筆形式をとっています。一部の書籍，とくにアメリカの書籍では，研究者の代わりにサイエンスライターが執筆しているも

のもありますが，まだ数は少ないと言えます．本シリーズでは，研究者とサイエンスライターが協同して書くという，これまでにない執筆スタイルをとっていることが，大きな特徴の1つです．全10巻の刊行が予定されており，いずれの巻においても，サイエンスライターは高度な内容を誤りなく，かつわかりやすく読者に伝えるよう，ファシリテート (facilitate) する役目を担っています．そこで本シリーズでは，サイエンスライターを「ファシリテータ」と呼んでいます．全巻にわたるこの役を，書籍のみならず，新聞や雑誌等で科学に関する記事をこれまで多く執筆されてきた内村直之氏に，お引き受けいただきました．

　本シリーズは，別掲のシリーズ構成をご覧いただくとおわかりのように，内容のうえでも，新しい執筆スタイルに負けない斬新で興味深いタイトルを揃えていると自負しています．これらの本を手に取った高校生や大学生のみなさんの中から，認知科学という学問分野を目指す方が現れることを期待してやみません．それと同時に，これまで認知科学という学問分野に馴染みのなかった多くの社会人の方が，認知科学に興味をもってくださることを切に願っています．

2015年9月10日

編集委員
植田一博
今井むつみ
川合伸幸
嶋田総太郎
橋田浩一

全10巻シリーズ構成

既刊

第1巻 『はじめての認知科学』
　　　内村直之・植田一博・今井むつみ
　　　川合伸幸・嶋田総太郎・橋田浩一（著）

第2巻 『コワイの認知科学』
　　　川合伸幸（著）・内村直之（ファシリテータ）

第8巻 『インタラクションの認知科学』
　　　今井倫太（著）・内村直之（ファシリテータ）
　　　植田一博（アドバイザ）

刊行予定

第3巻 『サービスとビッグデータの認知科学』（仮題）
　　　橋田浩一（著）・内村直之（ファシリテータ）

第4巻 『育ちの認知科学』（仮題）
　　　針生悦子（著）・内村直之（ファシリテータ）

第5巻 『表現する認知科学』（仮題）
　　　渡邊淳司（著）・内村直之（ファシリテータ）

第6巻 『感じる認知科学』（仮題）
　　　横澤一彦（著）・内村直之（ファシリテータ）

第7巻 『おもてなしの認知科学』（仮題）
　　　熊田孝恒（著）・内村直之（ファシリテータ）

第9巻 『オノマトペの認知科学』（仮題）
　　　秋田喜美・今井むつみ（著）・内村直之（ファシリテータ）

第10巻 『選択の認知科学』（仮題）
　　　山田歩（著）・内村直之（ファシリテータ）

まえがき

　人は赤ん坊のときから両親や様々な人とインタラクションすることで成長していきます。生活の中でも友達・先生・同僚・上司と日々インタラクションしながら、学んだり、助け合ったり、ときには喧嘩したりと、人と人がお互いに関わり合いながら社会を構成しています。誰かとインタラクションできる人の知性や能力を知ることも、認知科学という人の知的活動の仕組みを明らかにする学問の重要なテーマです。本書は、人とインタラクションできるロボットを題材として、ロボットに必要な仕組みを考えながら、人が行うインタラクションの仕掛けを紐解いていきます。

　インタラクションの認知科学を考える上で、なぜロボットを引き合いに出すのかをまず説明しましょう。スムーズにインタラクションが行われるためには、インタラクションの参加者がお互いに共通の仕組みや約束事を持っていたり、共通の情報を持っていたりする必要があります。持っていないと大変な思いをすることは、日本語の話せない外国人と会話する場面を想像するとわかりますね。人とスムーズにインタラクションするロボットを作って行く中で、人の持っている仕組み・約束事・知識を、共通に使えるようにロボットにも入れていく必要があります。問題は、何が共通なものとして重要なのか自体がわからないことなのです。人とインタラクションできるロボットを作ることを通して、インタラクションの中で人がどのような仕組みを働かせ、どのような約束事に従い、どのような知識を活用しているのかが明らかになります。これは、人の知的能力を明らかにする認知科学の目的そのものです。ロボットを活用したやり方で可能になる認知科学研究

を知ることができるのも本書の特徴です。

ロボットが人とインタラクションする際に難しいのは、言葉を認識することや、目の前の人を認識することだけではありません。人とロボットが周囲で起きている出来事や周辺にある物を話題として会話することが難しかったりもします。本書は、人とロボットを実際にインタラクションさせた実験をたくさん紹介します。実験を通して、ロボットが人と状況を共有し、自然な形でコミュニケーションする際に必要となる能力がどういうものなのか解説していきます。

インタラクションの実験、特にロボットを用いた実験は、文章だけからでは実際の雰囲気がわからないことが多々あります。実験で何が起きていたのか、ロボットがどのように動いたのか、よりわかりやすく伝わるようにビデオが閲覧できるホームページを用意しました。下記の URL でアクセスしてみてください。人やロボットの些細な動きがいかに影響力を持つのか、本で読んでもわからなかった部分がきっと理解できると思います。

http://www.ailab.ics.keio.ac.jp/webpage_personal/cognitive_robot_interaction/

本書は、認知科学の知見を紹介するとともに、人とインタラクションできるロボットの構造の説明にもなっています。人とコミュニケーションできるロボットを設計する上での基礎知識にもなります。インタラクションにおける人の知的な振る舞いを知りたい人から、人とインタラクションできるロボットを将来作ろうと思っている人まで楽しんで読んでいただける内容になっているかと思います。人の知性、ロボットの知能の双方の側から、インタラクションという現象を解き明かしていきますので、どうぞお楽しみください。

目　次

まえがき　v

1章 ロボットとの会話　1

ロボットの進出　1
　身近になったロボット　1
　ロボットを作るのに必要なこと　1
　社会の中のロボット　2

いろいろなロボットとのコミュニケーション　3
　命令で道具として働くロボット　5
　遠隔地の人同士をつなぐロボット　6
　人の相手ができるロボット　6
　　Column　続々登場しているコミュニケーション型ロボット　8

ロボットとの会話　9
　情報を伝えるもの　9
　会話と状況　10
　状況で決まることばの意味　10

ロボットを用いた認知科学研究　11
　　Column　科学実験に使いにくい「人」　12
　ロボットによるコミュニケーション実験とは……　13
　実験の設計は難しい　13
　行動記録やアンケートから結果を分析　14

インタラクションとは　15
　違いは何？　15
　　Column　ふつうの用語が難しい　16
　人と機械のあいだは……　17
　お互いの状態を知りたいがわからない！　18

わかりやすい機械か、人をわかる機械か　19
　　人とロボットのおつきあいは……　20
　　ロボット特有のやりかたもある　20
　　ロボットにお付き合いしてあげると　21
　　ロボットは世界をどう見たらいいのか　22

共有、その深淵な課題　22
　　関連性理論から見た影響と情報　22
　　言葉で伝えられないクオリア　24
　　情報の共有で信頼関係に　25

本書の構成　26

2章　注意と状況
　　——ロボットに注意を使わせる　28

状況を理解するための注意機構　28
　　自明な状況は省略される　28
　　必須な「注意機構」という仕組み　29

注意を向けられるロボットを作る　30
　　注意機構を持つロボットとは　30
　　前方に障害があるとき　31
　　ロボットは知識表現を使う　31
　　「ダメ！」に反応するには　32

意図的注意・反射的注意を備えたロボット　35
　　注意の結果で変わる返答　35
　　より人に近いロボットLinta-II登場　35
　　なぜ発言が違うのか　37
　　注意機構と機能モジュールはやりとりする　38
　　注意機構を介してモジュール間の影響がある　39
　　注意機構がからむのが大事なわけ　39
　　　　Column　フレーム問題　40
　　意図的注意と反射的注意をどう作る？　41

勝ち残った情報へ注意を向ける　42
競争による意図的注意の実現　43
競争による情報の決定　44
競争による意図的注意と反射的注意の両立　46
注意対象への興味は時間とともに減衰する　47
Linta-IIの注意機構はこう働く　49
自発的に注意を向けるロボット　52

3章　ことばの意味と状況と注意　54

状況意味論から考えると……　54
意味は状況の中で決まる　54
意味と世界　55
状況を取得できないとロボットはこまってしまう　56
談話状況と記述状況　56
2種類の「状況」がぶつかって　57
「同じ言葉」でも「違う意味」という場合　59
知らないことがあれば……　62

状況がわかるロボットを作るには　65
式にしないとロボットは理解不能　65
Linta-Iと状況理解　66

4章　共同注意と状況の共有　69

共同注意　69
同じ状況への注目が不可欠　69
お互いの心の窓を通す　70
共同注意とは心の状態を読み合うこと　71
指示語の意味がわかる　72

ロボットが創る共同注意　73

ロボットの思いはヒトに通じるか　73
　　視線を動かせば注意を誘導できる　75
　　人のアイコンタクトも引き起こす　75
　　ロボット側の共同注意は難しい　76
　　共同注意の先にあるもの　76

5章　関係性から心の理論へ　78

ロボットとつきあうために「関係性」が必要　78
　　見知らぬロボットと仲良くなる　78
「イタコシステム」で関係を付ける　79
　　ロボットとの関係性の有無で人の行動が違う実験　80
　　「おばけ」キャラが「憑依」する　80
　　人はロボットの言うことに耳を傾けるか　82
　　関係性が相手の言葉の理解に影響する　86
「人の心を読む」＝心の理論の大切さ　87
　　人は無意識のうちに人の心を読んでいる　87
　　心を読めばいろいろなことができる　89
　　ロボットの「心」も読める？　90

6章　情報共有に基づくインタラクション　92

指差し示せば情報共有ができる　92
　　人の指差しの意味をロボットはわかるか　93
　　指差しながらロボットに指示する　94
　　人とロボットは情報共有できるか　95
同時性こそ「情報共有」のあかし　99
　　戦国時代の「情報共有戦」は……　100
　　一足先に顔を向けるロボットに人は一安心　106
事前に備わっている情報を利用した情報共有　107

会話で大事な五感についての話題　108
五感共有はロボットと人でも有効か　109
暖かい日、冷たいお茶、そしてチョコ　110
景色とおみやげに反応するか　112
ロボットの文脈に乗って楽しんだ人　113
心の理論のスイッチオン！　115

7章 ロボットの社会性と未来　117

達成できたこと，できなかったこと　117
社会性を与える／確認させる　120
社会の一員となるロボット　122

あとがき　125

文献一覧　128
索引　129

装　幀＝荒川伸生
イラスト＝大橋慶子

ロボットの進出

身近になったロボット

　家電量販店など店先に人型ロボットが置かれるようになりました。それ（彼？彼女？）と「会話してみた」という人もいるでしょう。また，個人で購入できるロボットも登場し，お金と興味があれば手に入れることができます。ロボットといえば工場で車を組み立てているか，SF（サイエンス・フィクション）小説やアニメに登場する架空のものだったのが，ずいぶんと身近な存在になり始めています。

　SF（サイエンス・フィクション）小説やアニメに登場するロボットは，人と同じように話し，感情を持ち，私たちの仲間や友達（ときには敵）として登場します。店先に置かれているロボットたちは将来，SF小説やアニメのように私たちと協力して社会を作っていく存在となるのでしょうか？　専門家の目から見るとまだちょっと先の話のように思えます。現状のロボットにはできないこともまだまだ数多くあります。たとえば人のように家の中を自由に歩いて物を取ったりするといった簡単なこともできないのが現状です。

ロボットを作るのに必要なこと

　本書は，人間社会で活躍することを想定して，人とコミュニケーションするロボットについて考えます。ロボットを作ると聞くと，その体を作るための機械工作や電気工作，あるいはコンピュータプログラム

1

の製作を思い浮かべる人も多いかと思いますが,ロボットを作るのに必要なことはそれだけではありません。たとえば,人と会話するロボットを作っていこうとすると,ロボットの発言や動きを人がどのように受け止めるかという視点も重要になってきます。また,コミュニケーションにおいて人がどのような仕組みで相手に情報を伝えているのかについての知識も,人とコミュニケーションするロボットを作っていく上で重要な手掛りになります。

　人がどのようにコミュニケーションするのか,人がロボットとの会話をどのように受け止めるのかといった問題は,人の知的活動を科学する学問である認知科学の分野に属します。ここで難しいのは,人の知的活動の多くは生活の中で当たり前に起きていることなので,私たちにとって空気のような存在として見すごしてしまうという点です。そのため認知科学では人を観察する実験をして,日常では気がつくことのできない重要なことがらをたくさん明らかにしています。

社会の中のロボット

　話を戻して,ロボットの社会進出の可能性について考えてみましょう。店先に置かれたロボットとコミュニケーションできるようになっていたり,展示会場の担当者やお客が会場に置かれたロボットとコミュニケーションしたりしているのを見たことがある人も多いでしょう。実際にコミュニケーションしたことのある人も多いはずです。そんなとき,ロボットは,いろいろな話題を提供して,身振り手振りをしながら話してくれたのでしょう。ロボットは話しかけるこちらの方へ顔を向けて来たり,こちらの言葉を音声認識で理解してくれたりもします。しかし,何か物足りなさを感じた人も中にはいるのではないでしょうか。もしくは,なんとなく話しづらさを感じたり,さして時間が経っていないのに飽きてしまったりした人もいるかもしれません。最近のロボットは,前に人がいることを認識できたり,人の言うことが音声認識できたり,身振りで自分の感情を表現したりできるように

なっていますが，人と十分なコミュニケーションをするためには，まだ何か足りないようです。

　ロボットが本当の意味で私たちの社会に進出するためには，さらにいろいろな要素技術を研究開発していく必要があるようです。そこでは，人とロボットのコミュニケーションに関する認知科学が重要になります。何が足らないのか，どうしていく必要があるのかについて本書を通して見ていきましょう。

いろいろなロボットとのコミュニケーション

　ひとえにロボットといっても様々な種類があります。ロボットの詳しい紹介を始めると本書はそれだけで終わってしまいますので，簡単にします。本書で考えるのは，人とロボットのコミュニケーションについてなので，コミュニケーションという観点からロボットを分類して紹介しましょう。

　ロボットは，大雑把に3つに分けることができます。1つ目は，人が一方的に命令して動くロボットです。2つ目は，人と人がロボットを介して話すためのロボット，3つ目は，人同士の会話と同じように人と会話するロボットです。それぞれ見ていきましょう（図1も参照）。

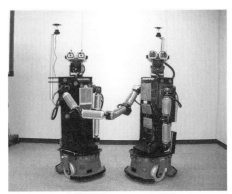

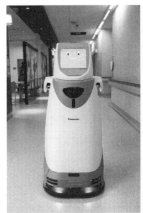

図1 人同士の会話と同じように会話するロボット（上），遠くの人とコミュニケーションするためのロボット（左），命令して動くロボット（右）
上：ロボビー[1]，左：Beam（Suitable Technologies 社開発）と著者（向かって左），右：HOSPI（写真提供：パナソニック株式会社）

---

[1] Copyright © Advanced Telecommunications Research Institute International(ATR)
＊ロボビーは（株）国際電気通信基礎技術研究所の登録商標です。

1章　ロボットとの会話

命令で道具として働くロボット

　人が命令して働くタイプのロボットは昔から存在します。家庭用の掃除ロボットはその代表ですね。スイッチを押すと掃除ロボットは掃除を始めます。「スイッチを押すことが命令なの？」と疑問に思うかもしれませんが，将来掃除ロボットが音声認識機能を搭載したら，きっと「掃除して」と音声で命令するでしょう。指でスイッチを押して動くのと，音声入力の命令で行動させるのは，指と声の違いはありますが，広い意味で同じ人からロボットへの命令と考えることができます。

　なぜ，こんな単純な仕組みの話をするのだろうと不思議ですか？それは，読んでいるあなたに，「道具としてのロボット」と「コミュニケーション相手のロボット」に違いがあることを意識してもらうためです。家電やスマートフォン，コンピュータなどは，どれも人にとっては道具です。使う人は，道具が何をしてくれるのかをある程度知っていますので，人と道具の間に生じるやりとりは，人から道具に対し，一方的に音声やスイッチで命令するだけです。後ほど説明しますが，コミュニケーション相手のロボットでは，道具に用いられる命令とはだいぶ異なる目的でやりとりが行われるので覚えておいてください。道具としてのロボットには，何かをさせるために命令（コミュニケーション）するけれど，コミュニケーション相手のロボットは，コミュニケーションすることそのものが目的になるという違いがあります。

　火星の地面を動き回って探査しているロボット「マーズパスファインダ」や，倉庫や病院で荷物の運搬に使用される自律搬送ロボット，自動車工場で車を組み立てるロボットアームなどを例とするロボットは，「人にとっての道具」という位置づけで作られ使用されています。使用目的や機能が明確に決まっていますので，一方的な命令でやりたいことが実現できるのです。

　また操縦することで動かすロボットも命令によって動くロボットです。最近ですと，無人で偵察する飛行ロボット（UAV: Unmanned Aerial Vehicleと呼ばれます）や，ドローンと呼ばれる小型のヘリコプ

ターロボット，原子力炉の中や災害現場の瓦礫の中を探査するヘビ型ロボットや移動ロボットがあります。このようなロボットでは，カメラで取得する映像を見ながら遠隔地にいる人が操作して動かします。動かし方を事前に熟知して使用するので，人の操縦で動くロボットは命令で動くロボットに分類できます。

遠隔地の人同士をつなぐロボット

次は，人と人がロボットを介して話すためのロボットで，テレプレゼンスロボットと呼ばれます。このロボットは，遠隔地に置いた自分の分身ともいうべきもので，遠くにいる人とのコミュニケーションを支援する働きがあります。電話と似たような機能ですが，ロボットはこちらの言うことを聞いて遠隔地で動く体になりますので，遠隔地にいる人との間でこちらの存在感（テレプレゼンス：遠いところの存在感）があるコミュニケーションをすることが可能なのです。ロボット自体は，こちらの操作で動くので「命令で動くロボット」ですが，遠隔地でロボットの目の前に立っている人からすれば，コミュニケーションする相手となります。ただしロボットを操作しているのが人間なので（当たり前のことですが）ロボットと人の間で交わされるコミュニケーションは命令ではなくて普通の人と人同士の会話です。

現在開発され，実用にもなっているテレプレゼンスロボットの多くは，車輪を持ち，上部に操作者の顔を表示するディスプレイを持った形態です。たとえばDouble（Double Robtic社）やBeam（Suitable Technologies社）と呼ばれる実用テレプレゼンスロボットがすでに発売されています。

人の相手ができるロボット

最後は，人同士の会話と同じように人と会話できるロボットです。本書で取り上げるロボットは主にこのタイプです。命令に従って動くロボットは人間にとって道具に近い存在だとお話しましたが，人のコ

ミュニケーションの相手となるロボットは道具とは異なる存在です。道具というものは，果たす機能とその行動の種類（掃除ロボットなら掃除をしてくれる行動の種類）が明確に決まっていて，使う人も行動命令を事前に熟知しています。そのため，命令を選ぶだけで望みの行動をさせることができます。一方，人間相手のコミュニケーションを想像していただくとわかるように，コミュニケーション自体が目的のロボットの場合は，ロボットが今何を考えているのか，何に注目しているのか，どのような感情をもっているように見えているのか，そのそれぞれに応じて会話していく必要があります。道具では，事前に決めておいた命令をすることでいつでも望みの行動が引き出せるのと比べると，人とコミュニケーションするロボットでのやりとりはだいぶ異なります。

人を相手にコミュニケーションするロボットには，すでに商用のものがあります。ソフトバンクロボティクスのPepperは店頭に置かれていますし，小型の人型ロボットNAOは少し値が張りますが，ソフトバンクロボティクスより誰でも購入することができます。他にも研究開発用としてATR知能ロボティクス研究所のロボビーや三菱重工のワカ丸，SONYのQRIO，富士通のENONをはじめとした様々なロボットが開発されています。これらのロボットは，人とロボットとのコミュニケーションの基礎実験や，お店や学校，介護施設などでロボットをどのように使ったらよいかについての実証実験に用いられています。

人とコミュニケーションするロボットの多くは，人型をしています。移動の機構については，二足歩行するもの，車輪移動型といった違いはありますが，上半身の部分は目や口がついてあちこちを向くことができる顔や自由に動く2本の腕を持った人型となっています。そのような形状をしている最大の理由は，ロボットの視線の動きや，ジェスチャ，姿勢の変化を使ってコミュニケーションできることです。ロボットは，人と同じ身体構造を持つことで人らしさを喚起することができ，

そのおかげで人はロボットの動きから直感的にその感情や意図を読み取ることもできるのです。

　人とコミュニケーションできるロボットを作っていく上で究極的なロボットは，人の姿をしたロボット，すなわちアンドロイドであるという考え方があります。しかしながら，ゴミ箱ロボット（Column 参照）の研究成果を見ると，コミュニケーションの本質は，人の姿を完璧に再現することでは，必ずしもなさそうに思えます。むしろ，機械の姿であっても，ロボットの形状や，動き，話す内容によって円滑に人とコミュニケーションできる可能性があります。本書では，人とロボットのコミュニケーションに必要となる要素を，認知科学の観点から明らかにします。特に，機械仕掛けであることがわかるような外見のロボットが，どのような動作原理や，会話戦略にもとづいて人とコミュニケーションするべきなのかについて，考えていきます。

Column　続々登場している　コミュニケーション型ロボット

　人とコミュニケーションするロボットの開発は，1990年の前半から行われていましたが，活発になったのは，1998年に発売されたSONYのイヌ型ペットロボットAIBOからです。人型ロボットを用いた人とロボットのコミュニケーションの研究は，2000年前後から行われるようになりました。

　また同時に，人間に完全に瓜二つの見た目を持つアンドロイドの研究も東京理科大学の小林宏教授によって2000年頃から行われています。2006年に大阪大学の石黒浩教授が開発したアンドロイドは，石黒教授そっくりの外見を完全に実現したもので，人としての存在感を提示するロボットとして注目されました。人間と完全に同じ見た目をロボットに与えることで，人同士と同様のコミュニケーショ

ンを人とロボットの間でも実現するアプローチです。

　一方で、人の形状に拘らないアプローチで人とロボットのコミュニケーションを実現しようとしている研究もあります。たとえば、東北大学の小嶋秀樹教授が開発したロボット Keepon は卓上に置ける小さい雪だるま型のロボットです。2つの目と鼻を持つデザインになっていますが、体全体を上下左右にリズミカルに動かす動きと視線だけを用いて人とコミュニケーションします。また、豊橋技術科学大学の岡田美智男教授が開発したムーという名前のロボットは、目を1つだけ持ち水滴のような形をしており、体を揺らしながら視線を向け、人とコミュニケーションします。さらに、岡田教授は、ソーシャルトラッシュボックスと呼ばれる自律移動するゴミ箱ロボットも開発しています。ゆらゆら揺れながら移動するゴミ箱で、特段、目などの人を連想させるような外観はありません。ゴミが落ちていても拾う機能は持っていません。しかし、ゴミの近くにより体をふるなどのゴミ箱ロボットの動きで、ゴミ箱の周囲にいる人にゴミを拾って入れて欲しいという意図を伝えることができます。Keepon やソーシャルトラッシュボックスの取り組みは、必ずしも人型の形状をしていなくても、ロボットの動きをデザインしていくだけで人とコミュニケーションできる可能性を示しています。

ロボットとの会話

情報を伝えるもの

　人とロボットのコミュニケーション、特に会話場面では、何によって情報が相手に伝わるのでしょうか？　当然、会話ですので、真っ先に言葉（音声発話や発話と言います）が思いつくでしょう。また人の会話は、ジェスチャ、つまり身振り手振りを伴います。目配せしたり、アイコンタクトしたり、視線も使います。ロボットも、目のある頭部

や腕がついていたら，同様にジェスチャや視線を用いたコミュニケーションが可能です。コミュニケーションの研究分野では，会話で使っていることばを言語情報と呼びます。一方，視線やジェスチャに代表される身体で表現される情報のことを非言語情報と呼びます。言語情報，非言語情報と特別な名前がついているくらいですから，コミュニケーションにおいて重要な構成要素なのはわかりますね。

会話と状況

お店の前に置かれたロボットが来た人＝お客を見つけ話しかけるときには，ターゲットとなる客の方向へ視線を向けながら話しかけるでしょう。そのロボットがお店に並べられた商品の説明をする場合には，商品を指差しジェスチャを用いながら言葉で商品の特徴を説明するのでしょう。

また，人とロボットがコミュニケーションするとき，特定の場所において対面で会話している点を忘れてはいけません。人とロボットの周囲には，棚や机など様々な家具，鉛筆やノートなどの物があったり，人とロボットのコミュニケーションに参加していない別の人が居たりします。そして，その周囲もふくめたところで起きている出来事は，コミュニケーションしている人とロボットの共通の話題になるかもしれません。会話の参加者の双方が認識できる周囲の出来事（物の配置も含む）は，状況と呼ばれます。

状況で決まることばの意味

英語の勉強をしているときに，辞書に単語の意味が複数書かれていて，文中で使われている単語の意味は，前後の文を読まないとわからないということがあると思います。同様に人が話すとき，前後の文脈に依存して話したことの意味が決まるのは皆さんおなじみなのではないかと思います。文脈の場合と同様に，人の話し言葉は，周囲の状況に依存して意味が決まります。たとえば，周囲のものを指すときに「あ

れ」,「これ」,「それ」と指示語を用いますが,指示語の意味(何を指し示すか)は周囲の状況(周りにどのような物があるか)によって決まります。

本書では,同じ場所に居合わせる人とロボットがコミュニケーションする上で,ロボットの側に必要な情報処理メカニズムはどのようなものなのか,また,ロボットが人と円滑にコミュニケーションするためにはロボットはどのように行動したり発話したりしたら良いのかを考えていきます。これらを明らかにするためには,仮説にもとづいてロボットのプログラムを作ったり,でき上がったロボットを実際に人とコミュニケーションさせて何が起きるのかを観察したりする必要があります。特に,コミュニケーションの最中に人がどのようにロボットや周囲の出来事を捉えて(認識して)行動するのかに関する認知科学の知見(詳しくは本シリーズ1巻目の『はじめての認知科学』を見てください)を用いて,ロボットのプログラムを作成することがとても大切です。ただ,人同士のコミュニケーションにおいて成り立つ認知科学の知見が,常に人とロボットの間でもなりたつとは必ずしも言えません。そういうことにも注意しながら,筆者が過去に行った研究の話を交えつつ,人とロボットのコミュニケーションに必要となる仕組みについて,少しずつお話を進めていきましょう。

ロボットを用いた認知科学研究

コミュニケーションに関する認知科学研究でロボットを使う例をいくつか紹介しておきます。ロボットを使うことにはいろいろな利点があります。そこにも注意してみてください。

Column　科学実験に使いにくい「人」

　一般に，認知科学でコミュニケーションに関する研究では，人と人の会話を扱うことが多いです。観察するのは人の発言であったり体の動きだったりするのですが，いかんせん人なので毎回同じ動作をするとは限りません。また，人によっても動作の仕方が異なります。いろいろな要因がからまる科学の実験では，比較したい要因以外は同じ条件にして，その結果の現象を観察して，比較要因の効果がどのように出るのかを検証するのが一般的な方法です。

　本書のあつかう，コミュニケーションの実験では，コミュニケーション中の人の動作が実験条件になる場合があります。ところが，人は毎回同じ動作をするとは限らず，実験をやるたびに異なった動作をするのがふつうです。次の実験について考えてみましょう。相手のジェスチャを真似ながらコミュニケーションすると，真似た人に対する相手の好感度は上がることが知られています。では，どのくらいの頻度で真似た方がいいのかだとか，どのようなタイプのジェスチャを真似したらいいのかといったことを調べたいとすると，実験に参加する人に大変な労力が要求されます。会話の最中2回に1回相手のジェスチャを真似して下さいとか，相手の指差しジェスチャだけを真似して下さいと言われても，なかなかできるものではありません。たとえ真似できたとしても，自分の動作へ気が行ってしまって，話す内容に集中できず実験自体がうまくいかない可能性も考えられます。

同じ行動ができるロボット

　コミュニケーションの認知科学研究にロボットを用いる利点はまさにここにあります。ロボットは，正確に何度でも同じ行動をすることができます。また，コンピュータプログラムですので，コミュニケーションの最中の動きの頻度も厳密に調整できます。人と比べ

> ると柔軟な対応という点では劣りますが，コミュニケーションの発言の仕方や体の動かし方を，実験を通して同一にすることができます。ロボットと人のコミュニケーションについてだけでなく，人と人とのコミュニケーションを考えるためにも，ロボットを用いるメリットがあるのです。

ロボットによるコミュニケーション実験とは……

　ロボットを用いた人とのコミュニケーションの認知科学研究といっても，具体的にどのようなものなのかわからないかもしれません。ここで，ロボットを用いた実験の典型的な例を紹介しましょう。

　上下左右に向ける顔と，人のようなジェスチャが可能な腕を持っている上半身が人型のロボットは，コミュニケーション実験に使用されるロボットの典型的なものです。

　たとえば，ロボットが人とアイコンタクト，つまりお互いに相手の目を見ながら話すことの効果を検証したかったとします。誰かと会話しているときに時々お互いの目が合うという経験を誰しも持っていますね。典型的な実験では，ロボットの前に人が立ち，そのロボットと人がコミュニケーションします。道案内や商品紹介など，事前にロボットの話す言葉が決まっていることも多く，実験に参加するどの人も同じ会話を体験します。

　アイコンタクトの効果を調べたいなら，2種類の動きの違うロボットを用意して比較します。1つは，話すときに人の顔の位置を検出して，そちらにロボットの顔を向けながら話すロボットです。もう1つは，話すときに，人の顔の方向に向かないロボットです。

実験の設計は難しい

　ここで，実験参加者が両方のタイプのロボットとの会話を経験する場合と，片方のタイプのロボットだけとの会話を経験する場合の2つを考えます。それぞれ，別の特徴があって，実験の目的をどう設定す

るかによって、やり方の適・不適があります。両方体験する場合は、実験参加者それぞれが2つのロボットの良し悪しを直接比較できるので、ロボットの振る舞いの違いについて人間が感じることのできる意見を集めることができます。

　一方で、一度片方のロボットとの会話を体験してしまうと、何が起こるのか知ってしまうので、2回目の会話では、初見でしか得ることのできない実験参加者の自然な反応を見ることができなくなってしまいます。片方のロボットしか体験させない実験では、実験参加者の初見の反応を観察することができます。しかし、それぞれの実験参加者は一方のロボットしか見ないので、実験参加者の反応の違いが、ロボットの違いによって生じたのか、個人差によって生じたのか混ざってしまう問題があります。この後者の問題は、実験参加者の人数を増やすことで軽減できることが知られています。要するに、人数が増えると、色んな人がいるのでそれぞれの人の個性の違いが薄められて、全員に共通で与えたロボットの違いの効果のみが鮮明に残るという理屈です。実際の実験の設計というのは、なかなか難しいものです。

行動記録やアンケートから結果を分析

　ロボットとの会話中の実験参加者の行動は、ビデオに記録されて特徴的な動きがないか分析されたりします。たとえば、ロボットが人に顔を向けると、人もロボットの方を向くかといった現象は、ビデオによる分析で明らかになります。実験参加者は、ロボットとの会話を体験した後にアンケートにも答えます。たとえば、ロボットの行動に好感が持てたかどうかとか、ロボットは友好的だったかどうかとか、ロボットは知的だったかどうかといった質問に答えていきます。回答は、多くの場合、数値になっています。たとえば、友好的かどうかを7段階に分けて、3は普通で、1（友好的ではない）から7（友好的である）といったように目盛りがあって、どの数値がふさわしいか実験参加者は選びます。

ロボット毎に，実験参加者のアンケートの数値の平均を取って比較すると，ロボットの動きの効果の違いが見えてきます。ただし，単純に平均値が異なるからといって違いがあると結論付けることはできません。偶然かたよった参加者の集団ができたかもしれないのです。統計分析という手法があるのですが，それを用いてどれくらいの確率で差があるのかを計算して求めます。統計分析の理屈は，実験参加者の人数と平均値と分散（値がどれくらいバラけているのかの値）が関連しています。本書では紙面がありませんので，詳しい内容は他の本に譲りたいと思います（文献 [1]）。

ここでは，大学や研究所の実験室で使われるオーソドックスな研究手法を紹介しました。実際には，お店や学校といった現場での実験もありますが，人とロボットのコミュニケーションに関する認知科学研究がどのように行われているのかの雰囲気が多少理解できたのではないでしょうか。

インタラクションとは

違いは何？

会話やコミュニケーションという現象はひっくるめて，インタラクションと呼ばれます。会話というと，「言葉を用いたやりとり」を指します。もちろん，ジェスチャなどの身体的な動きも関連しますが，会話の場合は言葉がメインになります。コミュニケーションはもうすこし広く，言葉以外のやりとりも含んでいます。たとえば，言葉は使わなくても，目配せして何かを伝えるのもコミュニケーションに含まれます。コミュニケーションでは，言葉や身体的な動きをはじめとして伝達手段はいろいろありますが，基本的には「相手に何らかの情報を伝える」ということを指します。インタラクション（interaction）は，日本語では相互作用と訳されることが多いのですが，「お互いに何らかの影響を与えるやりとりの過程」を指すと考えるのが自然です。当

然，会話やコミュニケーションもインタラクションに含まれますし，もう少し多くのものを指す概念なのです。

たとえば，人気の高いレストランに入るためにあなたを含め何人かが入口前に立って並んでいたとします[2]。立ち続けているのに疲れて，あなたが少し場所を移動したとすると，列の前後にいる人も立ち位置を変えると思います。それぞれに人の立ち位置がお互いに影響し合うことも，人と人のインタラクションと考えることができます。この例では，情報を伝えようとする明示的な意識を人が持っていないので，コミュニケーションとはいえませんが，人同士のインタラクションは確かに起きています。つまり，インタラクションは，無意識のうちにお互いが与え合う影響も含むのです。インタラクションの方が，コミュニケーションより広いやりとりを指しているのがわかります。

ちなみに，インタラクションは，コミュニケーションと同義で用いられることもありますし，会話とも同義で用いられることもあります。インタラクションがコミュニケーションや会話よりより広い概念を指すので特段問題はありませんが，用語が曖昧に用いられる可能性があることは注意しておきましょう。

Column　ふつうの用語が難しい

人の認知を扱う研究の難しさについてここで触れておきたいと思います。人の認知の研究を行うためには，私たちが日常生活で使う用語をどうしても用いざるを得ません。たとえば，意図，感情，情動，目的，好み（選好），欲求，信念などの用語は日常でも使うことがあります。日常で用いる言葉は，誰でも知っているので研究で

---

[2]　エレベータに乗っている人の向きがお互いに影響しあう実験もあります。参照 URL https://www.youtube.com/watch?v=BgRoiTWkBHU

用いるのも一見簡単そうに思えます。しかし研究をする上でかえって問題が生じます。問題が生じる理由の1つは，日常用いる言葉は，何を意味するのか共通理解をもっているのですが，厳密な意味では人毎に理解が異なり，一致していないところです。意味が曖昧にもかかわらず，未定義のまま用語を使用してしまうことが起きてしまいます。日常的な意味が通じるので油断してしまうのかもしれませんが，研究者同士が同じ言葉に対して違うことをイメージしてしまうことがあり，これはなかなか難しい問題です。たとえば，「意図的な行動」は，「目的を持って行動すること」とか，「普段やらないような行動をわざとすること」，「相手に何かを伝えようと思って行動すること」のすべてを意味することができます。どれも正しい意味ですが，人の認知過程を厳密に議論するうえでは，この違いは致命的です。議論を正確にする上でも用語をしっかり定義して用いる必要があるのですが，日常用いる言葉ですので気軽に用いたくなってしまいます。人の認知過程を研究するうえでの意外な難しさがこんな部分にもあることを知っておいて下さい。

　本書では，会話，コミュニケーション，インタラクションに関して，本節で説明した意味で用います。また，会話はコミュニケーションの一部に含まれますし，コミュニケーションはインタラクションの一部に含まれますので，誤解が無い範囲で相互に入れ替えて用いることがあります。また，人の認知処理を文章で語る上で用語の定義は重要ですが，学術論文ではない本書では，用語の定義を厳密にしてがんじがらめの内容にするつもりはありません。平易な用語でできるだけ，人とロボットのコミュニケーションの面白さが伝わるようにしてあります。

人と機械のあいだは……
　インタラクションについて簡単に説明しましたが，人とロボット・

コンピュータ・機械との間のインタラクションに関してもう少し説明が必要でしょう。

人とロボットのインタラクションの研究が本格的に扱われだしたのが2000年前後からですので歴史的には浅いのに対し，人とコンピュータのインタラクションの研究は1960年代から始まり，1980年代初頭から大きな国際会議が始まるなど，人と機械のインタラクションに関してはさらに古くより研究されてきました。

人と機械のインタラクションの課題の一例として，両面コピー機があります。今ならだれでも，コンビニエンスストアに置いてあるコピー機で両面コピーを取ることができます。初めての使用であったり，機械を使うのが苦手な人であったりすると使用するのに戸惑うことがあるかもしれませんが，多くの人は何の問題も無く両面コピーをとれるでしょう。しかし，両面コピー機の発明当初は，どうもそうではなかったようです。コピーを取るためにたくさんの操作が必要で，その操作を順番通りにやる必要があり，いささか大変な作業だったようなのです（文献[2]）。初期のコピー機の開発現場では，使おうとする人が本当に両面コピー機能を使えるのか調べるための実験を行っていたのですが，手数が多すぎてコピー作業手順のどの部分をやっているのかわからなくなってしまうという問題が発生しました。

お互いの状態を知りたいがわからない！

人と機械や，人とコンピュータのインタラクションの研究は，両面コピーの例でも生じていた問題を解決するために始まったのです。どのような問題かというと，人は機械の状態（手順のどの部分を実行しようとしているのかとか，目に見えない機械の内部で何を処理しているのか）がわからないということと，機械の方も人の状態（人が何を考えているのかとか，何をしようとしているのか）がわからないという2点です。人も機械もお互いの状態がわからないのでインタラクションもうまく進行しません。この問題意識が，人と機械（今は，ロボットやコンピュー

タも含む）のインタラクションの研究に繋がったのだと言えます。ここには，いまだに完全に解決されていない問題も数多くあります。

わかりやすい機械か，人をわかる機械か

　人が機械の状態をわからない，機械が人の状態をわからないという問題についての研究には大きく2つの方向性がありました。1つは，機械の操作手順を簡潔にしたり，機械の状態を画面で表示したりして，人が機械の現状態を理解しやすくする方法です。ヒューマン・コンピュータ・インタラクションと呼ばれる研究分野で主に用いられる設計方法です。もう1つは，カメラやセンサを用いて人の行動から人の内部状態を推測する方法です。行動センシングと呼ばれます。いかんせん，人が何を考えているか，外部からはなかなかわからないので，難しいアプローチです。ただし，人は，相手の人が何を考えていそうかそれなりに推測する能力を持っていますので，まったく不可能な手法ではありません。カメラやセンサから認識した人の動きを基にして，人の状態を予想する技術は人工知能分野で長らく研究されてきました。

　人と機械のインタラクションを実現する上で2つのどちらのアプローチの実現が簡単かというと前者のヒューマン・コンピュータ・インタラクションの分野のアプローチです。今，コンピュータの電源スイッチをオンにすると，アプリケーションウィンドウが画面内に複数出てきて，その一部をマウスでクリックすることで，いろんな操作ができます。人が直感的に理解しやすい形で情報を提示し，人が直感的に操作しやすい入力を採用して，人がコンピュータの内部状態が理解できないという場合をできるだけ減らそうとしているわけです。昔は，全てキーボードでいくつかの英字からなる命令（コマンド）をコンピュータに打ち込まないと動かなかったことに比べると，ある程度練習すれば誰にでも使えるようなものになりました。これに対して，人の状態を予想しようというアプローチの研究では，人工知能で人の状態（たとえば，行動の意図や，やる気，感情など）を人の行動や仕草

や発言から推測しようとしていますが，まだまだ難しいのが現状です。

人とロボットのおつきあいは……

　本書の主題である「人とロボットのインタラクション」は，今どのように実現されているのでしょうか。ロボットの場合は，人間に近いやり方で人とインタラクションするべきでしょうから，人工知能分野のように第二のアプローチで，人の状態を推測した方が良いと考えられます。しかしながら，現在の技術では，画像処理で人の顔を見つけたり，音声認識で人の発言を認識したりすることができますが，人の状態の推測を精度良くすることはまだできません。そのような技術の代わりに，実際には，ヒューマン・コンピュータ・インタラクションの分野に近い手法が取られています。ロボットの内部状態（ロボットの行動意図や感情，行動目標など）を人が直感的に理解できるように，ロボットの動きや話し言葉を設計して，人とロボットのインタラクションが成り立つようにするというわけです。

ロボット特有のやりかたもある

　人とロボットのインタラクション特有の「文脈を作り込む」という設計のやりかたもあります。人とロボットのインタラクションは基本的に会話をベースとしていますので，やりとりに会話の流れ，いわゆる文脈があるのです。人と人の会話の文脈は通常，双方の発言のつながりからできていますが，さらに，それぞれの発言に対する双方の人の気持ちや態度も関係してきます。しかし，これまでに説明したように，ロボットが，人の状態（この場合は，自分の発言に対する気持ちや態度）を推測するのは今の技術では難しすぎてできません。そこで，一般的にとられている方法は「ロボットが主導するインタラクション」です。この方法では，人が楽しめるように設計者がロボットに会話ストーリーをあらかじめ作り込んでおきます。文脈を用意しておくわけです。そして，会話はロボットが主導して発言することで進行します。

それに対して人は，ロボットの質問に答えたりしながら，ロボットが用意する文脈に従ったインタラクションを行います。これは，人にとってわかりやすい動作をさせるという意味ではヒューマン・コンピュータ・インタラクションの分野の設計と似ていますね。

ロボットにお付き合いしてあげると

　ロボット主導のやりかたをとると，ロボット側は，人の状態（人がどのような気持ちや目的でインタラクションしているのか）をほとんど推定することなしにインタラクションを進めることができます。ただし，人側が，ロボットの発言に付き合ってあげる必要があるので，人にインタラクションする気がないとチグハグなやりとりになってしまうという問題があります。

　たとえば，「こんにちは」，「あなたの名前は何？」，「そうなんだ，どこから来たの？」，「ヘー，僕は東京に住んでいるんだ。」，「僕の特技を見せてあげるね。」といった流れで，ロボット主導の会話は進んでいきます。インタラクションの途中で，人が想定外のツッコミを入れても，残念ながらロボットは反応してくれません。今後，ロボットの認識能力や，人の状態の推定能力が向上してくることで，ロボット主導のインタラクションから徐々に変わって，人とロボットの双方が主導権を交代で握ることができるようになり，人と人のインタラクションに近い形になっていくと期待されます。

　現状では，人とロボットのインタラクションはロボットが主導権を握って行うものが多いといいました。ロボットが一方的に話すのだったら，ロボットの話す言葉や，話す順番，その言葉を話すときにロボットがどのような身振りをしたらいいかを，事前にすべてロボットに覚えさせておけばいいので，認知科学なんて持ち出さなくても良いのではないかと思う人がいるかもしれません。しかし，ロボットに覚えさせる発言や動き自体をどのように設計すべきなのか，覚えさせた発言や動きをどのタイミングで実行すべきなのかは，ロボットのインタラ

クションの相手である人の認知特性を考慮して設計しなければなりません。また，ロボットが人の状態を推測するのはまだ難しいと話しました。人と同じ場所に居合わせるロボットが，人と同じ事柄や出来事に着目することができれば，たとえ人の状態を推測できなくても，インタラクションの品質をあげることができそうです。

ロボットは世界をどう見たらいいのか

　本書では，人とロボットのインタラクションを成立させる上で重要となる2つの点について考えていきます。

　1つは，人と同じ場所にいるロボットは，どのような認識の仕組みで周囲の世界を見る必要があるのかという問題です。2つ目は，正しくロボットの発言を人に理解してもらうためには，人のどのような認知的特徴を考慮してロボットの話し方や動き方を設計すべきなのかという問題です。これら2点についてじっくりと紐解いていくためには，そもそも「人同士がどのような認知過程でインタラクションしているのか」を詳しく考察する必要があります。2章以降でこれらの謎について考えながら，人とインタラクションできるロボットをどのように設計すべきなのかを紹介します。

共有，その深淵な課題

関連性理論から見た影響と情報

　会話やコミュニケーションは，一方の人から他の人へ情報を伝えることであると説明しました。また，インタラクションはより広い概念で，お互いに影響を与えるだけでもインタラクションになると紹介しました。影響を与え合うことと，情報を伝えることは，どのような関係があるのでしょうか。人とロボットのインタラクションの本題へ入っていく前に，この問題について簡単に紹介しておきましょう。

　人と人のコミュニケーションの理論はたくさんあるのですが，その

中に関連性理論というものがあります。関連性理論では,コミュニケーションを次のように捉えています。会話参加者は,会話の話題に関連する物事にきちんと注目することができ,関連した同じ(主要な)情報を持つことができます。なかなか興味深い理論なのですが,この説明だけだと,結局何が会話やインタラクションの参加者の間でおきているのかわからないと思うので,もう少し解説します(文献 [3])。

関連性理論を別な見方をすると次のようになります。「コミュニケーションとは 2 人の脳の状態を一部共通な状態にすることである」ということです。コミュニケーションとは,通常,A さんが言いたいことを言葉や文字にして送り,受け取った B さんがそれを聞いたり読んだりすることで A さんの言いたいことを理解することです。文字や言葉を仲介として,A さんの言いたいこと(つまり情報)が B さんに伝わるのだと思いますが,この伝達現象を別な形で解釈すると,A さんの脳の状態(言いたい事が入っている状態)が文字や言葉に表されて B さんに送られ,受け取った B さんの脳の状態を変更することで,A さんと B さんの脳の状態が一部同じ(A さんの言いたいことを含む脳の状態が,B さんの脳の状態にも入っている状態)になることになります。

この理論を使うと,文字や言葉を媒介としたコミュニケーションだけではなく,もう少し異なった人同士のやりとりもコミュニケーションだと理解することができます。たとえば,カップルが海辺のペンションに遊びに来たとします。男性は夕飯が何なのかについて考えています。女性は海辺の雰囲気について感動しています。ここで,女性が,同じ感動を男性に伝えたいと思ったときに,言葉や文字は必要ありません。女性は,男性の目を見てから部屋の窓を開けるだけで十分です。窓からは,潮の香りが部屋に入ってきて,男性の嗅覚を刺激します。これで男性の脳の状態も海の雰囲気に影響され,女性の脳の状態に近づくと考えられます。物理的な刺激に対する人の五感(この場合は匂い)を介しても,相手の脳の状態を同じにすることができるのです。

潮の香りによって男性の脳の状態が変わるのと同時に，もう1つ重要な要因が女性の行動にあります。それは，窓をあける際に男性の目を見て行ったということです。ただ窓を開けるだけでも，潮の香りによって男性と女性の脳の状態が同じになる可能性はありますが，男性の目を見て窓をあけることによって，女性は窓を開けて潮の香りを意図的に導き入れたことが男性にわかります。単純に男性の脳の状態が女性の脳の状態と同じになったのではなくて，女性が，男性の脳の状態を女性と同じものに意図的に変えたと男性は気づきます。潮の香りに対する人の五感を利用して，意図的に男性の脳の状態を一部同じにすることは，広い意味で女性から男性に情報が伝わったと言えます。関連性理論を考察すると，コミュニケーションをする際に，必ずしも言葉を用いなくても良いことがわかります。

　関連性理論で取り上げた，言葉を用いないコミュニケーションをよく考えると，インタラクションとコミュニケーションの関係が見えてきます。潮の香りを部屋へ導き入れる行動自体は，相手に影響を与える行為です。相手に影響を与えるという意味でこれはインタラクションですが，すでに説明した通りこの行為のみだとコミュニケーション（情報伝達）にはなりません。相手に視線を向けて意図的に行動したことを示して初めて受け手側は情報伝達が起きたという認識を持ちます。インタラクションの中の行為が，相手に情報を伝えるために意図的に引き起こされているときに，それはコミュニケーションになります。

言葉で伝えられないクオリア

　また，人の認識する情報の中には，言葉で相手に直接伝えることのできないものもあります。それは，感覚の質もしくはクオリアとも呼ばれるものです。触覚・味覚・嗅覚・視覚・聴覚といった人の五感にまつわる感覚には必ず質感が伴います。たとえば，赤色を見たときの赤さとか，つねられたときの痛みとかのことです。赤色を見たときの

赤さは，自分には鮮明に感じられますが，その赤さを他人に直接伝えることはできません。自分の見ている赤さは，他人にとって青さとして感じられているかもしれません。しかしそのことを証明することはできないのです。同じものを見て，自分にとっては赤さが感じられ，他人は違う色を感じていても，同じ赤い物体を見ている事実の下では，「赤色だね」という言葉以外に色の説明のしようがありません。そして，「赤色」という言葉は，お互いが感じている赤さの違いについて何の情報も与えてくれないのです。私たちは，あの赤さ，潮の香りを永遠に，伝え合えないのかもしれません。

クオリアのことを考え出すと，夜も寝られなくなってあまり健康によろしくないのですが，関連性理論と絡めてクオリアとインタラクションを考えると面白いことがわかります。人は五感を通して世界の情報を知る（感じる）ことができます。潮の香りの例でもそうでしたが，カップルは嗅覚を通して海の雰囲気（クオリア）を共有したのだと言えます。クオリアは伝えることはできませんが，「五感に対して人はほぼ同じクオリアを持っている」と仮定するならば，クオリアというものは人のあいだで共有できるものなのです。本書でも，人が感じる五感を利用して，人とロボットが仲良くなることができることを紹介します。誰でももっている五感は，ロボット相手でも意外と簡単に共有することができて，ロボットに対して親近感が湧くきっかけとすることができるのです。

情報の共有で信頼関係に

「いろいろなロボットとのコミュニケーション」の節でも紹介しましたが，命令で動く道具としてのロボットと，人とコミュニケーションすることを目的としたロボットの2種類が大きく分けて存在します。音声命令で動くロボットの場合は，人からロボットへ言葉の命令が伝われば十分ですので，いわゆる情報伝播としてのコミュニケーションが主になると思います。一方で，人とコミュニケーションするロボッ

トの場合には，人と信頼関係を作っていくことも重要なので，感動の共有や共感といった観点でのコミュニケーションも必要になってきます。そこでは，関連性理論でも紹介したインタラクションが重要になります。インタラクションでは参加者の脳の状態を一部同じにすることでコミュニケーションが起きることを紹介しましたが，脳の状態が一部同じになるというのは，いわゆる情報の共有が起こるということです。人と関係性を築きながらコミュニケーションするロボットは，単純に人と会話するだけではなく，人と情報を共有しながら会話していく能力が必要となります。

本書の構成

　この本のこれからの概要を紹介しておきましょう。まず注意機構という認知機能に着目します。関連性理論では，人が五感を利用してコミュニケーションに関連する情報を抽出することを見ました（1章）。しかし，私たちの周囲には様々な物があり，様々な出来事が起きます。そのなかから関連する重要な情報を抜き出す仕組みが必要となります。これが注意機構です。人とコミュニケーションするロボットにも，人と同様の注意機構が必要であることを見ます（2章）。

　次に，状況と会話について考えていきます。注意機構で抽出した情報が，どのように人の会話で交わされる言葉と関連しているのかを見ていきます。特に，言葉で運ばれる意味が，関連する周囲の状況に依存することを見ていきます（3章）。

　人とロボットが，いくら注意機構で状況を取得していても，肝心の注意が違う対象を捉えていては，コミュニケーションは成立しません。同じ対象へ注意を向ける必要があるのです。人には，他人と同じ物を見ている感覚を共有する共同注意機構という認知機能が備っています。共同注意機構によって人は他人と同じものへ注意を向けることができるのですが，ロボットの場合，どのように共同注意をコミュニケーショ

ンへ活用することができるのか見ていきます（4章）。

　そして，人は，共同注意で構成される情報を元に相手が何を考えているのか心を読みます。専門用語では心の理論と呼びます。現在のロボットには心はありませんが，上手に演出すると人はロボットに心を仮定してコミュニケーションを行います。人がロボットに対してどのように心の理論を用いてコミュニケーションするのかを見ていきます（5章）。

　そして最後に，情報共有の問題について考えます。人は，注意機構で状況を取得して，共同注意で状況を共有します。共同注意を元にして，状況に対する相手の気持ちや態度を推測し，お互いに情報を共有することができます。情報共有の際に，ロボットの身体的な動きも重要な働きをします。人とロボットが五感を共有しながらコミュニケーションすることで，円滑なコミュニケーションが達成されることを見ていきます（6章）。

　以上のように，人の認知的特性を考えて初めて，ロボットの完全な作り方がわかるのです。また，ロボットの仕組みを考えていくことで，人の認知的特性が明らかになるところもあります。本書を通して，その一部を味わっていただけると期待しています。実際にあなたがロボット設計をするつもりになって，ゆっくり，じっくりお楽しみください。

2章 注意と状況
―― ロボットに注意を使わせる

状況を理解するための注意機構

「なにこれ，すごーい。やばくない？」

よく耳にする発言ですね。目の前にいる友達がこのように発言したとき，なぜそんなに興奮しているのか理解に苦しむことはあっても，何のことについて言っているのかは簡単に理解できるでしょう。一緒に聞いている方も共感して盛り上がってしまうこともあるかもしれません。しかし，もし友達と同じ場所に居合わせなかったらどうでしょうか。たとえば，壁の向こうから声だけ聞こえたとしたら，何について語っているのか理解できないのではないでしょうか。理解できないままに，何が，どのようになっているのか思いをいろいろ巡らすことでしょう。

自明な状況は省略される

ある発言を理解するためには，同じ場所に居る必要がある場合が多々あります。なぜでしょうか？ 答えは，多くの発言ではそれを理解するのに重要な情報が省略されているからです。私たちは，相手から見て自明な情報を極力省略して話すのが常です。冒頭の例ですと，「すごい」とは言っているのに「何がどのようにすごいのか」が語られていませんので，話者と違う場所に居る人には理解することができません。逆に，目の前のわかりきっていることを微に入り細に入りいちいち話してしまうと，同じ場所に居る人からしたら，「そんなのわ

かってる，さっさと本題を話してくれ！」とまどろっこしさを感じてしまいます。話したい相手は目の前にいる人なので，その人には自明なことを省略した発言となるのですね。この「自明なことが省略された発言文」のことを状況依存表現といいます。発言が何を意味しているのかが，目の前の状況に依存していることからそう呼ばれます。

必須な「注意機構」という仕組み

　ロボットが，会話の中の人の言葉を理解するためには，そこに登場する状況依存表現を理解しなければなりません。「ロボットが人の言葉を理解する」というと，ロボットが音声認識をして人が話した単語を「自分のもっているデータベースにあるこの言葉だ！」と特定できれば十分だと思われますが，ことはそんなに簡単ではありません。目の前にある状況だから，と人が勝手にいろいろな情報を省略した発言をしても，ロボットはその全体を理解しなければならないのです。ロボットにしてみると，人が勝手に省略した情報を見つけることは容易なことではありません。

　ここでは，注意機構という人の認知の仕組みを紹介しましょう。人が，自分の周囲の情報を全て知覚することはできっこありません。場面場面において重要な情報を選び，そこに注意を向けるのです。これが注意機構とよばれる人の認知機構です。話す内容は，自ずとその人が注意を向けている出来事についてです。状況が捕まえられていれば自明となる事柄も，この注意を向けている対象に含まれます。ロボットが，状況に依存した発言を理解するためには，人と同じような注意機構を持ち，重要な情報を選択的に獲得する必要があります。

注意を向けられるロボットを作る

注意機構を持つロボットとは

　これから紹介するロボットは Linta-I というロボットです（図 2-1 の写真。ちなみに、私の名前の音読みと同じですが、私の名前にちなんだロボットではありません。LINguisTic Analizer-I ＝言語分析機 -I ＝の略です）。これは、車輪により移動できる体の前後左右に 4 つの超音波距離センサを持ちます。このロボットは、自分が行動するのに必要かつ重要なセンサ情報を自ら選択し、それに注意を向けるという注意機構を持っています。たとえば、ロボットが前進するときは、前にあるかもしれない危険を避けるために重要な前方のセンサ情報に注意を向け、また、右に曲がるときには、同様の理由で右のセンサ情報に注意を向けます。

　このように、ロボットが注意を向ける方向とロボットの行動を関連づけるだけで、人がロボットをコントロールするために与える命令に

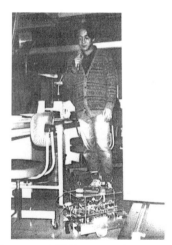

図 2-1　音声対話システムを搭載したロボット Linta-I を使用している 1992 年当時の筆者

「状況依存表現」を使うことができます。

Linta-Iは,「前に進め」「止まれ」「右に進め」など音声命令で動く移動ロボットです。さらに「進め」とだけ言われた場合には,当然,進む方向がわからないので「どちらに進むのですか？」とロボットの主人に聞き返す能力を持ちます。ここで例にあげた命令や主人との質問返答だけなら全て言葉を使った情報で意味をロボットに伝えることができます。特に注意機構が必要な場面はありません。

前方に障害があるとき

では,前進しているLinta-Iが障害物に衝突しそうな場面ではどうでしょうか？ 思わず「ダメ！」と主人は反射的に発話するかもしれません。もしLinta-Iが言葉の情報のみで発話理解をしていたらどうなるでしょうか？ 発話の内容を確かめようと「何がダメなのですか？」とLinta-Iは聞き返すことになりますが,その返答を待つ間にLinta-Iは障害物にぶつかってしまうでしょう。もちろん,センサが付いているのでぶつかる前に止まるように作ることはできます。

しかし,たとえ止まるように作ったとしても,危険状況を見て主人が「ダメ！」と発話したのに対して,Linta-Iが悠長に「何がダメなのですか？」と聞き返してきたら,主人はどのように感じるでしょうか？Linta-Iと意思疎通できない感覚や,まどろっこしさを感じることでしょう。

ロボットは知識表現を使う

注意機構が備わったLinta-Iは,前進中には前方のセンサ情報に注意を向けています。そして,取得したセンサ情報を元に周囲の環境に関する情報を生成します。Linta-Iの前方50 cmの所に物体がある場合,前方の超音波距離センサが示す値も50 cmとなるので,この場合,次のような2つの情報を生成します。

［障害物　方向［前方］距離［50 cm］］
　　［安全性　方向［前方］安全度［注意］］

　これらの2つの情報は，それぞれ「前方50 cmに障害物があること」と，「前方の安全性に注意を要すること」を示しています。そんな文章で情報を表すと，コンピュータは，プログラムで処理するのが難しくなるので，情報を表すのには上で示したように，必要最小限の情報をかっこでくくって整理し列挙するかたちにします。このような表現のことを知識表現と呼びます。
　例で挙げたのはフレーム表現と呼ばれる知識の表し方で，一番最初に，表される知識の名前が来ます（障害物，安全性）。続いて，その知識がどのような状態なのかを表すために，知識の属性（方向，距離，安全度）とその属性の値（前方, 50 cm, 注意）が並べて書かれています。つまり，こんな形になります。

　　［名前　　属性1［値］　属性2［値］　……］

　センサ情報に応じて，属性の値が変更されることによって，Linta-Iは周囲で起きていることを把握することができます。

「ダメ！」に反応するには
　「ダメ！」という言葉をロボットが理解するにはどのようにすればいいでしょうか？　ロボットが環境についての情報として以下のようなものを獲得している場面を考えてみましょう。

　　［障害物　方向［前方］距離［30 cm］］
　　［安全性　方向［前方］安全度［危険］］
　　［障害物　方向［右］距離［200 cm］］
　　［安全性　方向［右］安全度［安全］］

［障害物　方向［左］距離［200 cm］］
　　［安全性　方向［左］安全度［安全］］
　　［障害物　方向［後方］距離［200 cm］］
　　［安全性　方向［後方］安全度［安全］］

　ここで，前方以外の障害物の距離が全て 200 cm なのは，超音波距離センサの計測距離の限界が 200 cm だからです。つまりその方向に何も無いことを示しています。

　Linta-I が移動せずに停止しているときには，Linta-I の注意機構は働かず，Linta-I はどの方向にも特別に注意を向けていない状態です。この場合，「ダメ！」といわれても，判断材料がないので，Linta-I は「何がダメなのか」と主人に聞き返すしかありません（図 2-2）。

　では，Linta-I が前進しているときはどうでしょうか？　この時，注意機構は前方の情報を優先的に選択するので，Linta-I は，［安全性　方向［前方］　安全度［危険］］の情報を参照し，前進することがダメであることを推測することができます。そして，「はい止まります。」と即座に返答することができます（図 2-3）。

　こんなふうに，Linta-I は，行動のあり方に応じて重要な情報に選択的に注意を向けて，緊急時に主人が思わず発してしまう「状況に依存した発言」を即座に理解できるのです。主人が発する「状況に依存した発言」を全てロボットに理解させるためには，注意機構がそれぞれの場面にふさわしい情報全部に注意を向けなければならないので，簡単なことではありません。それでも，主人が，周囲の状況に依存して発する発言をロボットが即座に理解するためには，ロボットが注意機構を持つことが重要であることは理解できたでしょう。目の前の情報に依存し，自明な言葉を省いてなされる会話では，テンポよく即座に返答し会話を進めていくことが重要になります。会話の最中にロボットからいちいち「何のことについて言っているのですか？」と聞き返されたとしたら，きっとあなたはそんなめんどくさいロボットを

使う気がなくなってしまうでしょう。

図 2-2　状況から主語が自明でない場合の例
人から「ダメ！」と言われても，何がダメなのかわからないので，人に「何がダメなのですか？」と聞き返している。（文献 [4]）

図 2-3　状況から主語が自明な場合の例
ロボットの前進している正面に障害物がある状況で，人が「ダメ！」と発話している。ロボットは，センサで既に障害物を認識しており，前進が危険な状況だと把握しているため，人が「前進することがダメ！」と言っていると解釈し，即座に停止する。（文献 [4]）

意図的注意・反射的注意を備えたロボット

注意の結果で変わる返答

　Linta-Iは主人の発言の状況依存表現を理解するために，注意機構を使っていることがわかりました。次に，人とロボットの会話での別の注意機構の使用例を見てみましょう。周囲の状況の一部に注意を向けることは，相手の発言に対する返答を選ぶ際にも影響を及ぼします。

　自動車を運転している場面を想像してみてください。自動車の走っている道の先が二股にわかれていて，助手席の人が，「どっちに行く？」と発言したとします。もちろん，この発言は状況に依存した表現となっていて，運転中に注目している目の前の道の分岐についての発言と，運転者は理解します。そして，運転者は，自ずとその道の1つを選んで返答すると思われます。

　もし，同じ場所で，運転者が車から降りて回りを見回していたとしたらどうでしょうか？　また，前方だけでなく後方にも道が複数あったとしたらどうでしょうか？　どちらの場合でも，きっと，助手席の人の「どっちに行く？」に対する運転者の返答は，変わってきます。周囲の可能性（行ける道の全て）を考慮にいれて返答するでしょう。

　このように，注意機構が働いて注意を向けることで，その後の会話の返答内容が変わることがあります。人とロボットのコミュニケーションで同様の状況が起きるときのロボットの処理の仕組みを考えてみましょう。

より人に近いロボットLinta-II登場

　今度，登場するロボットの名前はLinta-IIです。Linta-IIは，ボディの四方に備えた超音波距離センサから，行動の状況や，会話の文脈，ロボットの行動計画処理に応じて選択的に情報を取得する注意機構を持つという点で，単純に行動に依存して注意を向けるLinta-Iとは異

なります。Linta-II は意図的に注意を向けるトップダウンな注意と，環境のイベントに反射的に注意を向けるボトムアップな注意を持ち，より人に近い形の状況取得を実現しています（文献 [5]）。

図 2-4 の場面で，人と Linta-II の会話が次のようである例を取り上げて，考えてみます。

(例 1a)
人：「どうしようか？」
Linta-II:「もうすぐ前に進めなくなります。」

(例 1b)
人：「どうしようか？」
Linta-II:「左に曲がれます。」

(例 2)
Linta-II:「びっくりした。」

Linta-II のこの 3 つの発言は，まったく同じ場所で生成されたものです。特に，例 1a と 1b は，人側からの発言はまったく同一なのに，ロボットの発言が違うことに注意しましょう。Linta-II に搭載された注意機構が，この発言の違いを生み出しているのです。Linta-II の発言の違いがどのように引き出されるのか見ていきましょう。

なぜ発言が違うのか

Linta-II に搭載されている注意機構の仕組みを説明する前に、発言が異なった理由を説明しておきます。

例 1a の会話は、図 2-4 の場所で矢印の方向に人と Linta-II が一緒に移動している場面で交わされています。Linta-II の前進時には注意機構は前方に注意を向けますので、Linta-II の発言内容は前方の情報に関するものになります。

例 1b の会話では、Linta-II も人も図の場所に立っているだけで移動していません。この時、（図に表すことはできませんが）、Linta-II の内部に組み込まれたソフトウェアは、次に進むべき方向を探そうとして行動計画を計算しています。行動計画を作る基本として、注意機構は、それぞれの方向のセンサ値に順に注意を向けます。例 1b のシーンでは、注意機構がたまたま左の方向のセンサ情報に注意を向けているところだったのです。そこで、Linta-II の発話は左の方向のセンサ情報に関連した「左に曲がれます」というものとなったのです。

例 2 は対話例というより発話例という方がふさわしいでしょう。この例でも例 1a、1b と同じ場所で発話していますが、状況が少し異なります。実は、Linta-II の左横に突然物が落ちてきた場面だったのです。

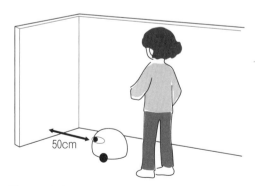

図 2-4　人と Linta-II が会話している場面

注意機構は，何かをするために注意を向け（これを意図的注意あるいはトップダウンな注意と呼びます）ますが，環境側に注目すべき変化が起きたときにも注意を向けます（これは反射的注意あるいはボトムアップな注意と呼びます）。物体がLinta-IIの左横に落ちてきたことによって，左側の距離センサの値に急激な変化が生じ，注意機構が左側に反射的に注意を向けます。例2では，この注意で得られた情報をもとにして発話生成していたのです。

注意機構と機能モジュールはやりとりする

Linta-IIは，特徴的な注意機構の用い方をしています。図2-5を見てください。Linta-IIについているセンサからの情報は一度注意機構に入力されます。注意機構で処理された結果は，機能モジュール（Linta-IIに組み込まれているある特定の目的を果たすためのひとまとまりのソフトウェア）たちが参照します。たとえば，人と対話する対話モジュールや，Linta-IIの行動を実行する移動モジュール，Linta-IIの行き先を決める行動計画モジュールは，それぞれ，注意機構での処理結果を参照して発話文を生成したり，行動を実行したり，行き先を決

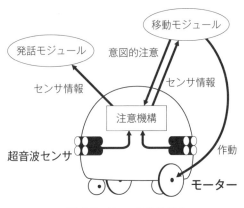

図2-5　Linta-IIの仕組み

めたりするのです。これらのモジュールは，お互いに情報のやりとりをせずにそれぞれ独立して動くようになっています。

注意機構を介してモジュール間の影響がある

しかし，例1a，1bではロボットの行動の違いによってLinta-IIの返答内容が異なっていますね。お互いに影響しあっているといっていいのです。直接のやりとりが無いのに影響しあうなんて？と思いますね。実は，そこで注意機構が重要な役割を担っています。それぞれのモジュールは，独立して注意機構の注意に影響を与えた上でそこから情報を得ますが，その注意機構を介してお互いに影響を与えているのです。

Linta-IIが前進しているときは，移動モジュールが前方に注意を向けるように注意機構を仕向け，注意機構は前方のセンサ情報を優先的に取得します。すると，発話モジュールが取得するセンサ情報も自ずとLinta-IIの前方に関する情報になります。モジュール間で直接情報のやりとりをしなくても注意機構を通して間接的に影響し合うことになるのです。

注意機構がからむのが大事なわけ

Linta-IIのように注意機構を介して間接的にモジュールを連携させる利点は何なのでしょうか？　それは，各モジュールの仕組みがあまりに複雑になるのを避けられることにあります。もし，モジュール間同士が直接やりとりできるとすると，モジュール間の連携方法を決めるプログラムが必要です。また，どのような条件で連携するのかを決める規則も知識として事細かに用意しなければなりません。例1aの場合には，「ロボットが前進しているときには前のセンサを参照して発話する」といった処理方法が発話モジュールの中に具体的に書かれていなければなりません。さらに，移動モジュールに現在のロボットの行動が前進かどうか確かめるというやりとりも追加で発生してしま

います。

　移動モジュールとのやりとりの結果，すでに注意機構は前方に注意を向けているという現象を使うことで，Linta-II は，余計な処理や知識を用いずに状況に応じて発話生成できているのです。

Column　フレーム問題

　知識を事細かく用意しない方が良いという方向性を説明しました。頭が良くなれば知識が増えるはずだし，細かい知識をたくさん持っている方が良いんじゃないの？といった疑問を抱く人もいるのかなと思います。

　ロボットや人工知能の研究者も，当初はそのように考えていました。しかし，実際に作ってみると違うんですね。事細かく知識を用意するといっても，どこまで用意したら良いのかといったことが決められなかったのです。

　ロボットがどこまでの範囲のことを考慮に入れて行動したら良いのか，決めることができない問題はフレーム問題と呼ばれます。たとえば，時限爆弾とダイヤモンドが一緒に入った箱があって，ロボットは「ダイヤモンドの入った箱」を持ってくるように命令されたとします。爆弾に関する知識を持っていないロボットは，そのまま箱を持ってきてしまいます。ちょっと怖いですね。爆弾に関する知識を持つロボットは，（取り出す能力があれば）爆弾を取り出してから，箱を持ってくるでしょう。

　しかし，箱を持ってくる上で危険なのは爆弾だけなのでしょうか？　ひょっとしたら，箱が置いてある机に何かしかけられているかもしれません。箱の移動が部屋に何か影響をあたえるかもしれません。はたまた，侵入した建物全体に影響を与えるかもしれません。というように，ロボットの行動が，何に対して影響を与えるのか真

面目に判定しだすと，建物の全部の要素，地球上のすべての要素，はたまた宇宙すべての要素との関連性を検証しなければならなくなります。ロボットからしてみると，箱の中の爆弾，部屋，建物，地球，これらの間の違いは検討するまでまったくわからないのです。この判定は無限の時間を有するという結論にいたってしまいます。

Linta-II で紹介している注意機構の代わりに，「ロボットが前進しているときは前のセンサデータを参照する必要がある」といった知識を対話システムに与えるというのも，フレーム問題と同様のことが起きてしまいます。知識は一度でも用意するように設計すると無限に用意しないとその目的を達せません。しかし，実際にはそんなことはできません。逆に，用意されてない知識に関しては一切対応できないという問題も発生してしまいます。知識に頼って行動するロボットは，知識で用意された範囲でしか動けないのですから，当たり前ですね。

Linta-II では，それぞれのモジュールが注目しているセンサ情報を注意機構を介して共有しているので，他のモジュールがどういう場面でどのセンサ情報に注目するのかといった知識を用いなくても，モジュール同士が影響し合うことができて，周囲へ向ける注意に関してのフレーム問題に対処しているという見方もできます。

意図的注意と反射的注意をどう作る？

これまでに説明したように，注意機構には，意図的注意と反射的注意が必要です。この2タイプの注意を実現する上で重要なのは，各処理モジュールから要請されて意図的に注目する情報を選ぶ機能と，周囲の環境状態の変化を反射的に取得する機能を作ることです。ここには，相反する2つの処理が含まれています。

意図的に情報を取得するには，注意機構が，目的のセンサから値を取得すれば事足ります。しかし，複数あるセンサの1つだけに注目してアクセスするこの方法では，注目していない他のセンサにはアクセ

スせずそこからの情報がまったく入ってこないという問題を引き起こします。一方，センサからの値が刻々変化し，注意機構に入ってくるたびにその方向の情報を出力する仕組みの場合，周囲の環境の状態は非常に良く把握できますが，選択的にある環境の情報を取得することはできなくなってしまいます。そういう意味で意図的注意と反射的注意は「相反している」のですが，双方を実現する仕組みにしなければいけません。

勝ち残った情報へ注意を向ける

相反している意図的注意と反射的注意を実現するためには，普通のプログラムでは実現しづらいのです。少しでもコンピュータのプログラムを書いた経験のある人でしたらわかると思いますが，コンピュータは，プログラムを最初から終わりまで1行ずつ実行するので，処理の途中で，他のことができません。この場合では，意図的に注意を向けて情報を取得している途中で周囲の出来事に反射的に注意を向けることに相当します。コンピュータ（のオペレーティングシステム）が提供する割り込みと呼ばれる手法（他のプログラムの処理中に，割り込んで別の処理を行う手法）を用いることで実現できますが，単純に割り込むだけだと，割り込んで処理した後は，元のプログラムの中断された部分の続きの実行に戻ってしまいます。これですとせっかくロボットが反射的に注意を向けたとしても，その後は起こった出来事へ継続的に注意を向けることなく，何も無かったかのようにロボットが振舞ってしまいます。これでは，周囲の出来事に反応はするけど，興味は持たないロボットになってしまいますよね。

Linta-IIでは，注意を向ける最小単位の情報を得るためのプログラム（注意エンティティと呼ぶことにします。エンティティentityとは，独立した存在，言いかえると最小限で独立して働くプログラムである，という意味が込められています）を用いて，紹介した困難な問題に対処します。

Linta-Ⅱの注意機構は，複数の注意エンティティを持っています。注意エンティティはセンサからのデータを処理して自分が担当する知識表現を出力し，注意機構が注意を向ける情報の最小単位を準備します。比喩的表現をすれば，複数の注意エンティティは，お互いに戦うようにできていて，戦いに勝ち残ったものからの知識表現だけが最終的に認識結果として採用されるようになっています。つまり戦いに勝ち残った情報へと注意を向ける仕組みになっています。

競争による意図的注意の実現

　複数のエンティティの戦いという形で注意機構を実現することで意図的注意と反射的注意を両立することができます。各エンティティは，センサデータから得たエネルギーを持っていて，もっともエネルギーを持つものが勝つことができるようになっています。ロールプレイングゲーム（RPG）のキャラクターが持っている能力点数（ヒットポイント）のようなものです。このエネルギーの与え方を工夫することで，意図的注意と反射的注意が両立できます。たとえば，Linta-Ⅱが前進して，意図的に前方のセンサ情報に注目するときは，前方に関する知識表現が勝ち残りやすくなるように前方を担当するエンティティに意図的にエネルギーを与えます。このようにすることで，前方の情報が優先的に取得できるので，意図的注意が実現されます。

　また，前方に関する具体的な情報は，知識表現内の各属性の値が決まることで決定されましたよね。ここの部分にも，エンティティ同士の戦いが導入されています。たとえば，前方の安全性へ意図的に注意が向けられている場合，安全，注意，警告，危険といった値が，安全性の知識表現として取られます。この4つの値それぞれにも担当するエンティティがあって，前方に注意が向けられる場合は，この4つ全てに意図的にエネルギーが与えられます。では，どれが勝ち残るのでしょうか？

　それぞれのエンティティは，意図的注意としてもらうエネルギー以

外に，センサデータからもらうエネルギーがあります。それぞれのエンティティは，自分がふさわしいセンサデータというのを知っています。そして，ふさわしいセンサデータを取得すると，そのぶんだけエネルギーをもらうことができます。結果として，意図的に注意が向けられたエンティティ群（ここでは前方のもの）が，他の意図的に注意されていないエンティティ群に勝ちやすくなり，さらにその中でも自分にふさわしいセンサデータをもらったエンティティ（たとえば警告など）が競争に勝ち残ります。一連の競争の流れの中で意図的注意が実現されています（図2-6）。

図2-6　Linta-IIの注意機構の仕組み
前方のエンティティ群が意図的に高いエネルギーを与えられる（左）。
その中でふさわしいデータを得たエンティティが勝って情報を示す（右）。

競争による情報の決定

　意図的注意とセンサ情報を元にしてエンティティ同士が競争することで，安全，注意，警告，危険といった値が決まります。ここで，おやと思った人もいるかもしれません。意図的注意によって前後左右のどこへ注目するか選択するのにエンティティ同士の競争を導入するのは有効そうですが，安全，注意，警告，危険といった値まで競争で決

める必要があるのかという疑問を持ったのではないかと思います。

　確かに，距離センサの値から安全，注意，警告，危険のどれかを選ぶだけでしたら，150 cm 以上は安全，150cm 未満で 100 cm 以上なら注意，さらにそれ以下で 50 cm 以上なら警告，それよりも距離が近ければ危険といったように，単純な不等式で決めると良いのではないかと主張したくなるんじゃないかなと想像します。

　不等式で一括して値を決めるやり方で事足りるロボットも作ることができますが，Linta-II では，もう少し細かく注意を制御できるようになっています。たとえば，前方が**危険**かどうかだけを知りたかったとします。なぜ，危険を太字にしたかというと，危険の場合だけ情報が欲しいということを強調したかったからです。前方が，安全や注意などの場合には，わざわざ知識表現を出力して教えて欲しくない場合があります。

　Linta-II では，注意機構を介して他のモジュールが影響し合うと説明しました。影響し合う際に，注意機構が生み出す情報ができるだけ絞り込まれている方が，お互いが本当に注目している情報を相互に反映しやすくなります。

　たとえば，移動モジュールが，危険の場合だけ情報が欲しい場合，前方の危険を判断するエンティティに意図的注意を与えることで，Linta-II の注意機構は，前方が危険なときだけその知識表現を出力します。安全などの他の場合は，値を出力しません。なので，対話モジュールなどの他のモジュールは，前方が危険な場合に限定的にお互いが影響し合うということが実現できます。

　一方，不等式で値を決めていたらどうなるでしょうか。安全，注意，警告，危険の値ごとのエンティティが存在しないので，移動モジュールは，個別の値ではなく，前方の安全性全体に対して意図的に注意を向けることになります。この場合，注意機構は，不等式によって距離情報から常に安全，注意，警告，危険の値を判断するので，前が安全であっても，知識表現を出力します。なので，移動モジュールが，本

45

当は前方が危険な場合だけに注意を向けていたとしても，他のモジュールは，前方が安全である情報すらも参照して動くことになり，モジュール間で異なる情報を見ることになってしまいます。

　注意エンティティを細かい粒度で用意することで，モジュール間の連携がより事細かく可能になるのです。

競争による意図的注意と反射的注意の両立

　意図的注意を実現する上で競争の形式をとったのは，反射的注意と意図的注意を両立させるためです。普通のプログラムですと，割り込み処理によって反射的注意を実現することになると説明しましたが，割り込みの処理が終わってしまうと，中断された元の処理（注意機構の場合ですと中断された意図的注意の処理）に戻ってしまいます。複数のエンティティ間の競争の形で注意機構を実現することで，この意図的注意と反射的注意の間の垣根をなくすことができます。

　仕組みはこういうことです。それぞれのエンティティは，自分が担当するセンサデータに急激な変化があったかどうかを観察しています。たとえば，ロボットの左側を見ている距離センサの値が，200 cmだったのが急に10 cmに変化すると，左方向の安全性の状態が危険かどうか確認しているエンティティが反応します。そして，左の方向が危険になったことを表す知識表現を出力し，環境の変化に反射的に注意を向けます。

　ここまでの処理は，通常用いられる割り込み処理でも同様のことができます。ここから，エンティティ間の競争の形で注意機構が作られている良さが出てきます。反射的注意は，競争の結果選ばれた注意対象ではないので，放っておくと出力された知識表現は消されてしまう（Linta-IIは，300ミリ秒で古い知識表現を消去しています）のですが，反射的に注意された情報に対して，移動モジュールや対話モジュールなどが必要だと判断した場合，意図的注意を構成します。

　つまり，反射的に起動した注意エンティティが，次に，意図的にエ

ネルギーを与えられることになります。反射的に起動したことからもわかるように、既にエンティティにふさわしいセンサ情報を手に入れているので、意図的注意のエネルギーをもらうことで、エンティティ間の競争に容易に勝ち残ることができます。

紹介した仕組みでは、反射的に起動したエンティティが、そのまま意図的な注意に移行することができます。反射的注意が、意図的注意に対する例外処理として扱われるのではないことに注目してください。反射的注意も意図的注意も同じ注意エンティティが担当しているので、反射的に起動されたあと、そのまま意図的な注意へと移行できる仕組みになっています。

注意対象への興味は時間とともに減衰する

各エンティティのエネルギーは図 2-7 にしめす関数を利用して計算されます。センサ情報に大きな変化が起こると、各エンティティは、センサ情報を表すふさわしさに応じた大きさのエネルギーを最初持ちます。しかし、1 つの情報のみに注意を向け続けることがないように、その値は時間とともに減少させていきます（人も 1 つのことに集中して注意を向け続けるのが難しいのと同じです）。ただし、他のモジュールから意図的に注意が向けられているエンティティ群は、より長い時間高い値が維持できるとともに、値が減衰したあともより高い値を持つことができるようにします。

図 2-7 を見てみてください。同じような曲線がたくさんならんでいます。横軸が時間なので原点は時刻 0 です。何の時刻かというと、新たにセンサからデータをもらう時刻です。そして、時刻 0 でのエネルギー（つまり、エネルギーの初期値）の大きさは、届いたセンサデータが、その注意エンティティにどのくらいふさわしいかで決まります。ちなみに、図 2-7 のグラフでは、どの曲線も時刻 0 で同じエネルギーを取っています。

時刻 0 からエネルギーは減っていくのですが、その減り方（減り方

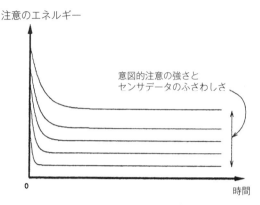

図 2-7 エンティティのエネルギーの時間減衰

の傾き）は，与えられる意図的注意のエネルギーの大きさで異なります。また，時間がしばらく経過後の値も同様に意図的注意のエネルギーの大きさで決まります。図 2-7 のグラフでは，一番上のグラフが，最も大きな意図的注意のエネルギーを注意エンティティがもらった場合のエネルギーの変化です。緩やかにエネルギーが減っています（意図的に注目したいという興味の強さ）。また，時間経過後も，高いエネルギーを持ちます。意図的注意のエネルギーが小さくなるにしたがって，エネルギーが減る傾きが急になるとともに，最終的なエネルギーの大きさも小さくなっているのがわかります。意図的注意の強さに応じて，ロボットの興味が早く減るようになっているのです。

　各エンティティが最終的に持つエネルギーは，このエネルギーを使ってエンティティ同士がお互いに抑制しあった値です。同じ情報を表す注意エンティティ同士は，どれか 1 つが選ばれる必要があります。たとえば，前の安全性を表す注意エンティティには，安全，注意，警告，危険の 4 つがありますが，現在の安全性を表すためには，これらのうちの 1 つだけが選ばれる必要があります。

　エンティティ間の競争で注意が決まると説明しましたが，ここにそ

の仕組みがあります。1つの値に決める必要のある競合する注意エンティティ同士は、お互いのエネルギーを引き算し合う仕組みが入っています（図2-8）。

この戦いでは、最も大きなエネルギーを持つ注意エンティティが勝つのですが、この引き算自体は、意図的注意から与えられるエネルギーに対して行われます。つまり、競争に勝った注意エンティティは、意図的注意のエネルギーが減らないので、全体のエネルギーは、緩やかに減るとともに、高いエネルギーを最終的に持ちます。一方で、負けた注意エンティティは、速やかにエネルギーが減るとともに、最終的なエネルギーも小さいものになります。

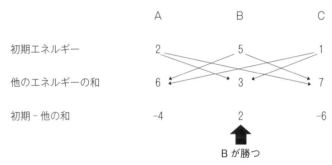

図 2-8　エネルギーを引き算する仕組み

Linta-II の注意機構はこう働く

図2-9は、図2-4の場所をLinta-IIが前進し、前に進めなくなって停止したあと、しばらくして左側に物体が落ちてきたという一連の出来事のあいだでの注意機構の動きを表しています。それぞれ上から順に、前方の安全性、右側の安全性、左側の安全性、後方の安全性を表しています。横軸は時間経過を表します。薄い線のグラフは、Linta-IIに取り付けられたそれぞれの方向の超音波距離センサの値で、左側の縦軸にその目盛りがあります。太い線のグラフは、注意機構が出力する安全度（安全性の値）で、右側の縦軸に安全性の値の種類（値無，

49

安全，注意，警告，危険）が書いてあります。

　時間を追って注意機構の動きを見てみましょう。Linta-II が前進すると正面の壁が近づいてくるので，停止するまで前方の距離センサの値は減り続けます。右側には常に壁があるのが距離センサの値からわかります。左側と後方は，距離センサの最大値をずっと示しており何もないことがわかります（ときどき，値が減っているのは超音波センサによる計測時のノイズです）。ただ，左側には障害物が 11 秒のところで落ちてくるので値が急激に下がっています。

　注意機構の出力は太い線のグラフを追えばわかります。最初は，Linta-II が前進しているので，移動モジュールは前方の意図的注意を構成します。前方への意図的注意により注意機構は前方の安全性の値だけ出力し，他の方向は値がありません。最初は，前方の方向に関して安全かどうか注意度の値「注意」が出力されています（前, 6 秒まで）。壁が近づくにつれ「警告」，「危険」のレベルまで値が変化していきます（前，6 〜 11 秒）。ロボットが停止すると，前方への意図的注意が無くなり，値が出力されなくなります（前，11 〜 12 秒）。次に，行動計画モジュールが行ける方向を探すためにランダムに調べる方向を選び，意図的注意を向けます。グラフでは，たまたま最初に右側へ意図的注意を向けていて，「警告」の値を出力しています（右, 11 秒）。その出力と前後するように，左側に障害物が現れます。この出現によって，注意機構は反射的な注意を構成し，「警告」や「危険」の値を出力しています（左, 12 秒）。反射的注意で出力された情報に対しては意図的注意が構成されなかったので，その値はすぐに消滅してしまっています。その後，行動計画モジュールは前方に注意を向けています。

　この一連の注意機構の動きの中で，発話例がどのように作られたかを追いかけてみましょう。

　図 2-9 の「前の安全性」のグラフで三角印があるところに注目してください。この時刻では，前の方向に対して安全性が警告状態である以外には，他の方向への注意の値は存在していません。この時点でユー

2章 注意と状況──ロボットに注意を使わせる

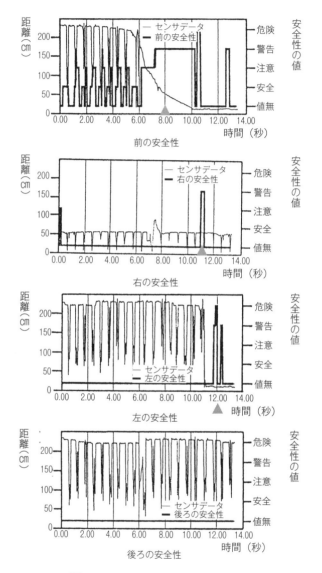

図 2-9　Linta-II の注意機構の実行例

ザから「どうしようか？」と質問されると，Linta-II が参照する知識表現は［前方の安全性　安全度［警告］］となっているので，「もうすぐ前に進めなくなります。」という発話が生成されます。

次に，「右の安全性」のグラフで，三角印をつけたときの発話をみてみましょう。この時点では，注意機構は右方向の安全性が警告状態であることのみ取得しています。この時点でユーザから「どうしようか？」と質問されると，Linta-II が参照する知識表現は［右側の安全性　安全度［警告］］となっているので，「右には進めません。」という発話が生成されます。

最後に，「左の安全性」のグラフの三角印を見ましょう。ここでは，突然あらわれた障害物に従って反射的に注意が構成されて，［左側の安全性　安全度［危険］］が得られています。そこで，Linta-II は，反射的に得られた情報に対して「びっくりした」という発話を生成しています。

これで，Linta-II がどうして，あのような発話をしたのかがおわかりになったのではないでしょうか。

自発的に注意を向けるロボット

Linta-I および Linta-II を通して，会話の状況依存性を支える注意機構について紹介してきました。Linta-I では，人が状況から自明な言葉を発話から省略して話すということを重要視して，注意機構が注目する情報で発話から欠けた情報を補うように設計することを考えました。そして，移動ロボットへの行動命令の範囲内で状況に依存した発話を Linta-I が理解できることをみました。さらに，Linta-II では，周囲の環境の状態が同じであっても，注意機構が構成する注意の違いでLinta-II の返答が変わる事例をみてきました。

Linta-I，II いずれの場合も，移動ロボットは，自分の取る行動を元にしてどこに注意を向けるかという判断をしています。しかし，周囲の状況や会話に関連する重要な情報に注意を向けることについては，

ロボットが自分の行動の範疇を超えてそれを自発的に行うのはまだ難しいのが現状です。人と人が実際におこなっているインタラクションのデータをたくさん集め，会話とシーンの対データを作って，それを機械学習させれば，ここで挙げた問題の一部を克服できるかもしれません。しかし，注意を向けることは人が暗黙的に行うものであり，明示的に十分なデータを集めることはたやすいことではないのです。それを徹底して行うには，人の注意メカニズムの根本原理自体の解明が必要になります。

ことばの意味と状況と注意

　前章では，周囲の状況を共有しながらロボットが人とコミュニケーションするためには，複数のセンサ情報の中から重要な情報を選択する注意機構が重要なことを見てきました。では，重要な情報を選択する仕組みが，どのようにコミュニケーションを成立させているのでしょうか？　そこをもっと詳しくひもといてみましょう。

状況意味論から考えると……

意味は状況の中で決まる

　会話で相手に情報を伝えるとき，もっとも基本的な役割を担っているのはそこで話される単語の意味であるということに異議を唱える人は少ないでしょう。とはいうものの，「単語の意味」と聞いて，いちいち単語を国語辞典や英語辞典で調べることだと考えてしまうと，人と人の間で情報が伝わる仕組みの理解にはつながりません。単語の意味を調べて文章の内容を理解する場面，もしくは辞書を引かなくとも暗記した単語の意味を利用して文の意味を理解する場面と，人と人がことばでコミュニケーションする場面には大きな違いがあります。

　コミュニケーションをする場合，「状況」ということが大事なのです。ここでいう「状況」とは，環境の中にあるいろいろな要素の中から，コミュニケーションに関わる人が「選択的に注意を向けて頭の中に構成する情報」のことです。

　ことばの意味と状況の関係を説明する理論として，80年代に提唱された状況意味論があります（文献 [6]）。本章ではその説明に従っ

て考えていきましょう。

意味と世界

　ここで,たくさん提案されている意味論と状況意味論の違いを簡単に紹介して,状況意味論がどのようなものなのか説明しておきます。一般的に意味論自体は,言葉が何を指し示すのか,つまり何を意味するのかを捉える理論です(人が話す言葉だけではなく,数学で登場する式や記号の意味も扱えます)。意味論の話を厳密にしだすと哲学になってしまいますので,できるだけ簡潔に説明したいと思います。

　状況意味論がどのような特徴を持つのかを知るためには,それよりも前に提案されている意味論と比較してみると良いかもしれません。それは,古典的な意味論と可能世界意味論と呼ばれるものです。言葉や記号の意味を考える上で重要になるのは,それらが指し示す(意味する)対象をどのように捉えるかということです。古典的な意味論では,真実が1つに定まった理想的な世界が1つだけあって言葉や記号が正しくその世界の中の出来事などをなぞっていると,その言葉や記号は「真」と判断され,なぞっていないと「偽」と判断されます。

　ここで注目して欲しいのは,「真」「偽」を決める世界が1つだけであるという点です。しかし,何が「真」なのかは,人によって違うはずです。物理学の式の意味でしたら,世界は1つで良いでしょうが,「私はラーメンが好きです」といった文章の意味が真実かどうかは,各個人の心の中(その人が主観的に感じる世界)によって決まります。古典的な意味論では扱うことができません。

　可能世界意味論は,複数の世界(可能世界)の存在を認めて,古典的な意味論が抱える問題を解決したものです。ラーメンが好きな人の可能世界では,「私はラーメンが好きです」は真となり,ラーメンが嫌いな人の可能世界では偽になります。

　古典的な意味論も可能世界意味論も,言葉が意味することの真偽に注目しています。しかし,コミュニケーションにおいて重要なのは,

発言された言葉の真偽ではなくて，言葉で相手に伝わる情報です。自分が言いたいことを言葉に込めて，聞いた人はその言葉から相手の言いたいことを知ります。意味とは，言葉を通じて伝わる情報と考えて生み出されたのが状況意味論です。状況意味論は，可能世界意味論が可能世界を複数用意できるのと同様に，話者と聞き手が置かれる状況を複数想定し，言葉が運ぶ情報を捉えます。

状況を取得できないとロボットはこまってしまう

なぜ意味論なんて難しそうな話を持ち出してきたのか触れておきたいと思います。ロボットは，コンピュータのプログラムで動きます。プログラムは，些細なことでも事細かく書かないと期待通り動作してくれません。なんとなく，こんなふうなことをしたいといった依頼は人相手なら可能でしょうが，ロボット相手だとそうはいきません。ここで問題となるのが，人の話す言葉です。Linta-IやIIの部分でも少し紹介しましたが，人の話し言葉は，とにかく曖昧であったり，人にとって自明なことが省略されていたりします。

ロボットを動かすためには，人の話し言葉を，プログラムで実行できるレベルの詳細な情報に変換してあげる必要があります。その際に有効な道具となるのが意味論なのです。話した際の周囲の状況に照らし合わせて，話された言葉の意味を解釈することで，ロボットでも理解できる曖昧さの無い詳細な情報を得ることができます。状況によって人の話し言葉がどのように詳細化されるのか，状況意味論の考え方を例を交えながら見ていきたいと思います。

談話状況と記述状況

「言葉によって相手に意味が伝わる」背後には，話し手が話題とした状況（記述状況と呼ばれます）と，話し手と聞き手が置かれている状況（談話状況と呼ばれます）という2つの種類の状況があります。聞き手は，話し手と聞き手が置かれている談話状況の中で話された言葉を

解釈し,話し手が言葉で参照する記述状況をイメージします。話し手の方は,記述状況を話題にする際に,談話状況の中で自明である言葉を省略したり,固有名詞の代わりに指示語で参照したりしながら話す言葉を作っていきます。

このような人と人の情報伝達と状況の密接な関係を押さえておくことは,人とコミュニケーションするロボットにおける注意機構の重要性を実感してもらうために大切なことです。状況に依存したコミュニケーションの具体的な事例を紹介していきましょう。

2種類の「状況」がぶつかって

状況意味論では,2種類の状況を考えるのでした。

①談話状況 u:誰が話し手なのか,誰が聞き手なのか,話し手は発話した言葉で何について参照しているか,その発話は,いつ,どこで起きたのかを表す状況
②記述状況 e:発話文自体が記述している状況

の2つです。発話された文章は,談話状況と記述状況を繋ぐ関係として,その意味が現れてきます。

①で談話状況の構成要素の1つに,言葉が参照している対象というのが入っています。この点は,少し解説が必要かもしれません。古典的意味論や可能世界意味論のところでも説明しましたが,言葉の意味を捉えるためには,その言葉が指し示す対象を見つける必要があります。話すときには,話したい対象があって言葉を選んでいます。対象は,具体的な物かもしれませんし,頭の中にある概念的な物かもしれませんが,言葉が参照する対象が存在します。

ここで，もっとも簡単な例として，女性のAさんが「私は座っています」と言葉を発した場合を考えてみましょう。

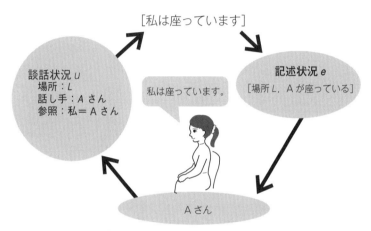

図3-1 「私は座っています」の意味と状況の関係

Aさんが「私は座っています」と発言した意味は2つの状況の関係から捉えることができます。この関係を状況意味論では

$$u \to [私は座っています] \to e$$

と記述します[1]。こういう「式」による表現はその使い方に慣れると，実は大変便利なのです。

談話状況uでは，話し手はAさんでその場所はL，単語「私」で

---

[1] 本当の状況意味論では，状況uとeの関係に興味があるので$u[[$私は座っています$]]e$と書きます。本書では，状況を利用して，相手に別な情報（記述状況）が伝わることを考えたいので，情報の流れがわかるようにあえて矢印を入れてあります。

Aさん自身のことを参照しています。この談話状況 u で登場するそれぞれの情報を「私は座っています」に当てはめると，[場所 L, Aが座っている] という記述状況 e を得るという具合です。

Aさんの発話「私は座っています」と記述状況「場所 L, Aが座っている」の2つの違いは気づきましたでしょうか。記述状況 e の方には場所の情報 L と座っている人の名前 A さんが記されています。元々Aさんが発した言葉「私は座っています」には場所の情報もなければ座っている人の情報もなかったのに対して談話状況 u があることで，ある時刻にある場所で起こった具体的な状況を聞き手に伝えることができています。文が記述状況 e を具体的に伝えるときに，談話状況 u の貢献が必要不可欠なのがわかります。

「同じ言葉」でも「違う意味」という場合

言葉が伝える意味に対してさらに大きな影響を談話状況が与える例を次に見てみましょう。図 3-2 は，2人の男の人が言い合いをしている場面です。ただよく見てみると2人とも同じ言葉「俺は正しくて，お前が間違っている」という文を発しています。AさんとBさんそれぞれが言っている言葉の意味が異なることは自明です。しかし，ここで起きていることはよく考えると奇怪な現象です。それに注目する人は少ないでしょう。しかし，起きていることは当たり前のことではなく，とても大事なことなのです。

つまり，こういうことです。2人が話す言葉の単語は一字一句まったく一緒です。しかし，私たちが把握するその意味はぜんぜん異なる。言葉は同じであっても意味が異なることを可能にする仕組みが人の言葉の理解の過程に存在しないとこのような芸当はできません。

図 3-2 の例を状況意味論で考えてみましょう。状況意味論では，AさんとBさんの言葉の意味の違いを談話状況の違いから捉えます。図 3-2 の下側にはAさんが話者の場合の談話状況 $u1$ が示されています。場所は $L1$ で，話者はAさんで，AさんはBさんに対して発言して

おり，単語「俺」でＡさんを，単語「お前」でＢさんを指し示しています。この談話状況 u1 で発話文「俺は正しくて，お前が間違っている」を解釈してみましょう。［場所 L1，Ａ正しい，Ｂ間違っている］という記述状況 e1 が得られます。

[俺は正しくて，お前が間違っている]

図 3-2　Ａさんとｂさんが「俺は正しくて，お前が間違っている」と同じ言葉で言い合いをしている
Ａさんが話者の場合の談話状況 u1 と記述状況 e1 が図では示されている。

3章 ことばの意味と状況と注意

　図3-3は，Bさんが話者の場合の談話状況 $u2$ を示しています。場所は同じ $L1$ で，話者はBさんで，Bさんは A さんに対して発言しており，単語「俺」でBさんを，単語「お前」でAさんを指し示しています。場合談話状況 $u2$ の下で発言「俺は正しくて，お前が間違っている」を解釈すると記述状況 $e2$ として［場所 $L1$，B正しい，A 間違っている］が得られます。

　図3-2と3-3の記述状況 $e1$，$e2$ を比較してみましょう。

記述状況 $e1$　［場所 $L1$，A 正しい，B 間違っている］
記述状況 $e2$　［場所 $L1$，B 正しい，A 間違っている］

　同じ発話であっても，記述状況は異なっています（AとBがひっくり返っています）。つまり，同じ場所 $L1$ において異なる事実を表す情報が，同一の文（同一の単語列）によって伝わることがわかります。同一の文であっても，談話状況が異なることによって異なる情報が伝わるのがわかります。状況意味論の分析によってこのことがはっきりとわかるようになりました。

　言う人が違うのだから，「俺は正しくて，お前が間違っている」は，意味が違うのは当たり前だと思うでしょう。でも，それをロボットがわかるようにきちんというためにはどうしたらいいのか，と考えると，このような客観的な書き方をするのがいい，というのが状況意味論的な考え方です。

[俺は正しくて，お前が間違っている]

図 3-3 AさんとBさんが「俺は正しくて，お前が間違っている」と同じ言葉で言い合いをしている
Bさんが話者の場合の談話状況 $u2$ と記述状況 $e2$ が図では示されている。

知らないことがあれば……

今まで紹介した状況意味論の適用事例では談話状況と記述状況が物理的に同じ場所のものでした。異なる場所の情報を発話文が伝える過程も状況意味論で理解することができます。

図3-4では，ジョニーの犬であるジャッキーがジョーの犬であるモーリーに噛み付いている場面を少年ジョーが見て，別な場所にいるジョニーに伝えているところです。場所 $L2$ で起きていることを場所 $L1$ から見て叫んだ状況です。ジョーとジョニーは同じ $L1$（例えば家の中）にいますが，ジョニーの場所からは $L2$（例えば家の庭）が見えていません。ジョーは，たまたま窓際にいたので $L2$ が見えていると

いった状況です。談話状況 $u3$ では，発話の場所が $L1$ で，話者がジョーで聞き手がジョニーで，発話単語ジャッキーでジョニーの犬の Jackie を指し示し，発話単語モーリーでジョーの犬の Molly を指し示しています。ここでは，実在する犬を英語で表すことで（単なる言葉である）名前と区別しています。伝えられたジョニーは，談話状況 $u3$ の下で「ジャッキーがモーリーに噛み付いている。」を聞くことで，自分の犬がジョーの犬に $L1$ と異なる場所 $L2$ で噛み付いている場面［場所 $L2$, Jackie が Molly に噛み付いている］（記述状況 $e3$）を想像することができるわけです。

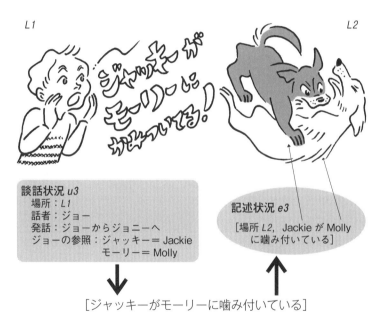

図 3-4　ジョーが犬の喧嘩を見て，犬の飼い主であるジョニーに事態を伝えている

ここでも，発話文によって情報を伝える際に談話状況が重要な役割を担っています。たとえば，ジョニーが把握している談話状況がジョーの把握と異なる場合を考えてみましょう。図3-5では，ジョニーがジョーの犬モーリーのことを知らない（飼い主を知らないどころか犬であることも知らない）談話状況 u4 となっています。談話状況 u4 の下で「ジャッキーがモーリーに噛み付いている」を聞いたジョニーは，記述状況 e4 [場所 L2, Jackie が b に噛み付いている]を想像します。ジョニーが想像する記述状況 e4 では，名前モーリーが具体的に何を指しているのかわからない（未知変数 b を用いることで具体的にわからないことを表している）ので，ひょっとしたら自分の犬 Jackie がモーリー

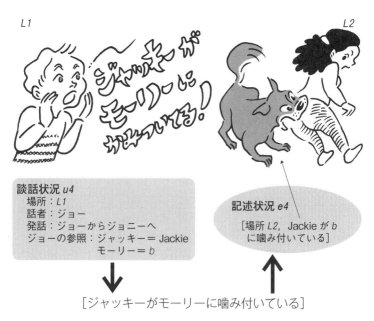

図 3-5　ジョーが犬の喧嘩を見て，犬の飼い主であるジョニーに事態を伝えているが，ジョニーはモーリーという犬を知らない

という名前の人を嚙んでいる場面をジョニーは想像するかもしれません。談話状況が異なれば，伝わることも違ってくるというわけです。

状況がわかるロボットを作るには

式にしないとロボットは理解不能

　人と人のコミュニケーションにおいては会話場面の状況が，発話された文の意味を捉える上で必須であることがわかりました。通常，人は無意識のうちにここで挙げた（状況を把握するための）一連の処理をして一挙に発言の理解をすることができてしまいます。だから，必須であったとしても，人のコミュニケーションの場合に，わざわざ談話状況や記述状況の形で明示的に表すことの意義はあまりないでしょう。しかしながら，人とコミュニケーションするロボットを一から設計しようという場合には，コミュニケーションの前提となる状況を明示的に書き下ろしておくことがぜひとも必要になります。人が無意識に行っていることも，1つ1つ分析し，明確に定式化しないとロボットにはわからないのですね。めんどうであっても談話状況や記述状況の形で言葉のやり取りを定式化すれば，人とロボットのコミュニケーションが実現できます。

　ロボットが，選択的に環境の一部に注意を向け，誰が話者で，誰が聞き手で，何に注目して語ろうとしているのかといった談話状況や記述状況を知覚することは，人が扱う言葉を理解したり，人の行動意図を理解したりする上で必要不可欠な機能なのです。さらに，ロボットを構築するためには，コンピュータプログラムを書く必要がありますので，談話状況や記述状況といったものを分析して書き下しておかないとだめなのです。言葉の理解は無意識のうちにできてしまいますので，面倒でも意識的に定式化しておくことが大切です。

Linta-I と状況理解

2章で紹介したロボット用音声対話システム Linta-I を例に,状況意味論に基づいて人とロボットのコミュニケーションを考えてみます。

図3-6では,人がロボット Linta-I に対して「ダメ!」と発話し,Linta-I は何がダメかわからない場面を表しています。談話状況 $u5$ を整理すると話者と聞き手と場所の情報のみが含まれており,何がダメなのか決めることができない場面になっています。「ダメ!」の記述状況 $e5$ でも何がダメなのかを表す部分が未知変数 a のままになっています。この場合,談話状況から発話の内容を補完して記述状況を完全にすることができず,人とロボットのコミュニケーションが不充分であることが状況意味論からわかるということになります。

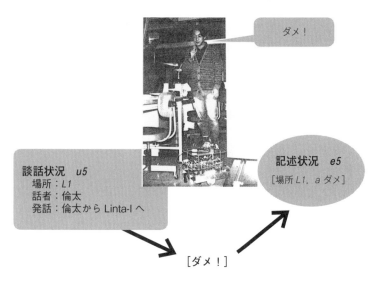

図3-6 Linta-I に「ダメ!」と人が発話する場面の状況意味論による解釈

図3-7では，Linta-Iが障害物へ向かって前進している最中に人がロボットに対して「ダメ！」と発話しています。今回の談話状況 $u6$ は，「ロボットが前進していること」と「前進している方向の先にある障害物に人が注目していること」になっています。ただし，明示的に言葉を用いて参照していませんので，図3-1から3-5の場合と異なり参照する言葉の欄は空欄になっています。図3-7では，談話状況 $u6$ の下で発話文「ダメ！」を解釈することによって，障害物の存在から何がダメなのかをLinta-Iが特定し，前進することがダメという記述状況 $e6$ を得ています。この場合の人とロボットのコミュニケーションは，状況意味論的に十分だったということができるでしょう。

　状況意味論の説明を通して，発話文の意味理解処理にとって談話状況が重要な役割を担っていることを見てきました。状況意味論自体は，会話の状況依存性を，論理式（詳しくは制約論理と呼ばれる形式です）

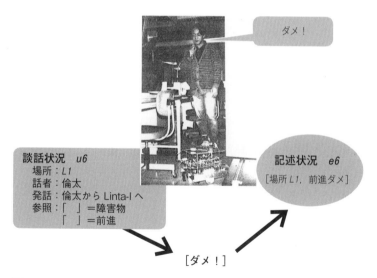

図3-7 Linta-Iが障害物に向かって前進中に「ダメ！」と人が発話する場面の状況意味論による解釈

で記述し，数学的に定式化する試みとして提唱された理論です。今回はそのさわりだけを紹介しました。状況意味論で言うところの状況を，ロボットがセンサ情報からいかにしてつくり上げるか，特に，注意の機構と連動してどのように状況把握をロボットが行うかは，人とロボットのコミュニケーションを成立させる上で避けて通れない問題です。2章で見てきた注意機構も，会話理解における状況をロボットが認識するための技術の1つなのです。次章ではさらに深い「注意」に目を向けて，ロボットを改良していきましょう。

4章 共同注意と状況の共有

　状況に依存して意味が決まる言葉を扱うためには、ロボットが注意機構を持ち、周囲の環境から重要な情報を選択できるようになることが不可欠なのをこれまで見てきました。しかし、状況への依存性を利用して人とコミュニケーションするためには、注意機構だけでは不十分なのです。ここでは、コミュニケーションしようとする人とロボットが何を共有したらいいのか、ということを考えてみましょう。

共同注意

同じ状況への注目が不可欠

　これまでの章で紹介してきた例では、コミュニケーションで情報を伝達する上で談話状況が無くてはなりませんでした。ここで、暗黙のうちにしていた大きな仮定が1つあることに気がついていましたか？
　その仮定とは、「話し手と聞き手が同じ状況に注目し、それを共有していること」です。注意機構は、重要なセンサ情報を選択してくれますが、その選んだ情報が相手と共有されている（つまり、相手も同じ情報に注目している）保証はどこにもありません。注意機構があるというだけでは、ロボットが一方的にある情報に注目していて、相手は違う情報を気にしているなどということが起きてしまっても不思議ではありません。前章では、人がロボットに動きの命令を与えるという大前提がインタラクションの文脈にあったので、ロボットの移動に重要な壁との距離を自ずと人と共有できていると仮定することができました。しかし、そのような大前提はいつもあるわけではありません。

人とロボットが同じ状況に注目し，情報を共有する別の仕組みが必要になります。

同じ状況に注意を向けることを，認知科学では注意の共有，あるいは共同注意と呼びます。この章では，人とロボットの間で注意を共有する方法として，コミュニケーションに用いられる，指示語，指差し，およびアイコンタクトといった要素に着目して考えていきます。

お互いの心の窓を通す

人とロボットのコミュニケーションの話に入る前に，人同士のコミュニケーションにおける共同注意について見てみましょう。共同注意とは，お互いが同じ物に注目するという出来事が単に起こっていることではありません。双方が相手の心の窓を通して，対象物を見ることができる心理状態がそこにはあるのです。さらに，お互いがお互いの心の窓を通して対象物を見ていることをお互いに気がついている状態でもあります。「相手の心の窓を通して世界を見る」と言うと，科学にはふさわしくない「詩的な表現だなあ」と感じるかもしれません。しかし，ロボットの場合はともかく，人同士の共同注意について考える場合にはしっくりくる表現なのです。

「相手の心の窓を通して見る」とは，「自分が見ているものを相手から見たらどのように見えるのか」，「相手は同じものを見てどのように思っているのか」を推測するということです。共同注意では，お互いがお互いの見え方・思い方を推測し合うので，結果として物事の共通の理解や，お互いの考えの相違などを把握できるようになります。心を読むことが，人とロボットのコミュニケーションにおける理解の促進につながることを次章で紹介します。共同注意はそれと関連しているということを覚えておいてください。

共同注意とは心の状態を読み合うこと

共同注意の成立を図解すると図4-1のようになります。Aさんは1つの箱を見ています。そのそばにいるBさんも同じ箱を見ていることにAさんが気づいていて、逆にBさんもAさんが同じ箱を見ていることに気づいています。お互いの注意に対する気づきは、AさんとBさんの間の両矢印↔で表されています。さらに、BさんがAさんの注意に気がついていることをAさんが気付いているとか、AさんがBさんの注意に気がついていることをBさんが気付いているとか、相手が思う自分について想像できます。いってみれば、共同注意をあらわすこの両矢印↔は、何度も行ったり来たりできるといえます。共同注意は、単純に2人が同じ物に注目している状態ではなく、お互いに相手の心の状態を読みあいながら注意を共有していることなのです。

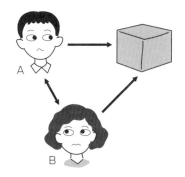

図4-1 AとBが物体に共同注意している構造

指示語の意味がわかる

「あれかっこいいね！」といった指示語を含んだ発言を解釈する場合，共同注意が重要な働きをします。

図4-2では，かっこいい車を指差して発話しており，指示語「あれ」を正しく解釈するためには，話者が車を参照しているという談話状況を，聞き手が把握している必要があります。ここで，話者の注目対象を聞き手も共有できるのは，人が共同注意の能力を持つおかげです。共同注意のおかげで話者と聞き手の間に実現される「注意対象への共有感」がもしなかったら，指示語は使えません。話者は，「そんなものを使っても話が伝わらない」と思って指示語を使えないでしょうし，聞き手も，指示語を使われてもその指示対象を見つけられないことになってしまうでしょう。話者と聞き手が「同一の談話状況」を持つために，共同注意は欠かせないものなのです。

図4-2　共同注意と指示語

4章 共同注意と状況の共有

ロボットが創る共同注意

ロボットの思いはヒトに通じるか

ロボットが指示語を用いて人と会話する場面を次に考えてみましょう。

図4-3では，ロボットがポスターを参照しながら「これ見てね」と人に話しかけています。ロボットが指示語を用いて人と会話するためには，ロボットが想定する談話状況，特に，注意している対象を人と共有する必要があります。ロボットがどのような振る舞いをすると，人はロボットの注意対象に注意を向けるのでしょうか？ そして，本当に人は，ロボットが用いる指示語を理解することができるのでしょうか？ 私たちが行った人とロボットが向かい合って会話する実験を通して，その可能性を見てみましょう。

私たちの実験では，ロボットは人にポスターを見せる動きをします。ロボットは，「これ見てね」と発話しながらポスターを指差します。ここで着目したのは，注意の対象を示す上で最も重要な視線です。そこで，首を曲げて視線を動かすロボットと動かさないロボットでどのように違うかという比較実験を行いました（文献 [7]）。

図4-3 指差しと視線の動き，アイコンタクトで共同注意を実現するロボット

図4-4は，ロボットがポスターを指差すときに，首を動かして「ポスターの方を向く」「人の方を向く」という2つを交互に繰り返しながら「これ見てね」と発話している場面です。図4-5の方は，ロボットが首を動かさずに，単にポスターを指差しながら「これ見てね」と発話した場面です。実験参加者がロボットの動作をしばらく見た後，参加者にロボットの発話単語「これ」が何を指していたのかを質問しました。

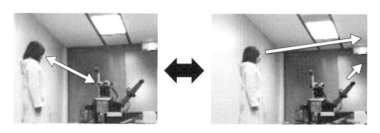

図4-4　ロボットが人にアイコンタクトした場合の人の振る舞い
ロボットが人の方を向くと，人もロボットの方を向き（アイコンタクト），ロボットがポスターを見ると人もポスターの方を向く。これらの動作が繰り返される。文献［4］

図4-5　ロボットが首を動かさない場合の人の振る舞い（文献［4］）

視線を動かせば注意を誘導できる

表4-1がその結果です。ロボットが視線を動かした場合，指示語「これ」がポスターを指していることを10名の参加者全員が把握していました。一方，ロボットが視線を動かさなかった場合は，10名中9名の参加者は，指示対象はロボットの手先だと回答しました。

表4-1　指示語「これ」の指示対象の回答

視線を動かした場合	視線を動かさない場合
10名全員が，「これ」をポスターと答えた	10名中9名は，「これ」をロボットの手の先だと思った

この実験結果から，共同注意の対象を伝える上でロボットの視線の動きは重要だということがわかります。人とロボット間で共同注意を実現するためには，ロボットの振る舞いを適切にデザインして，人の注意を対象物へ誘導する必要があるのです。

人のアイコンタクトも引き起こす

また，視線を動かすロボットと応対した参加者の動きも注目されます。ロボットがポスターの方を向くと参加者はポスターの方を見て，ロボットが参加者の方を向くと参加者はロボットの顔の方へ視線を動かすという行動をとったのです。人は，ロボットの視線の先を追うと共に，ロボットの目を見つめるいわゆるアイコンタクトをすることが観察されました。人同士でお互いの意思を確かめたり，同意をとったりする場合，相手とアイコンタクトを取ることは良くありますが，注意の対象をロボットと共有するという場合にも人はアイコンタクトを無意識のうちに行っているのが観察されたのです。これは面白いことですね。

ロボット側の共同注意は難しい

　この実験で紹介した人とロボットの共同注視は，ロボットの注意対象を人に気づかせ，共同注意を成立させていくというストーリーでした。もう一方で，ロボット側が人の注意対象を認識して，共同注意を築く技術も必要です。機械が人間の注意対象を把握するのは，そう簡単なことではありません。視線を追えば人間の注意対象をある程度は知ることができますが，「何に注意しているか」というのは本質的に人間の心の状態であり，機械が客観的に把握しづらいものなのです。人間がコミュニケーションをする最中に醸し出す些細な動き（ソーシャルシグナルと呼ばれます）を捉える手法を開発して，人の心の状態を機械でも把握できる技術を作っていく必要があります。

　人とロボットの間で共同注意を成立させるためには，さらなる研究・開発が必要になりますが，この章で紹介したロボットの振る舞い自体の重要性はそのような研究が進んでも変わりはありません。そもそも共同注意とは，同じ対象物へ注意を向けていることを，コミュニケーション参加者がお互いに気づいている現象です。この章で紹介したアイコンタクトや視線による注意対象への注意誘導は，ロボットが人の注意対象へ気づき共同注意を構成していくときにも同様に重要なものであるはずです。

共同注意の先にあるもの

　共同注意や状況意味論のコミュニケーションにおける重要性を解きほどきながら，コミュニケーションで交わされる言葉の意味や，指示語が指し示す物をロボットがどのように扱うのかを見てきました。しかし，まだそれは，人とロボットのコミュニケーションで扱うべき課題のほんの一部なのです。ここで見たのは，言葉でどのような情報が運ばれていたのか，また，運ばれた情報を取り出すためには，状況の一部に注意を向けることが大切だという点です。

　本章では共同注意の現象を紹介して，相手の心の窓を通して世界を

見る能力が人にはあることを説明しました。また，1章の関連性理論の話では，女性が潮の香りを部屋に意図的に導くことで海辺へ来たことの感動を恋人と共有できるという例も紹介しました。これらの能力を用いることで，単に言葉で情報を伝えることを超えたコミュニケーションが可能になります。

　共同注意によって相手の心の窓を通して世界を見ることで，単なる情報伝達を越えて相手の発言の真意に人は迫ることができるのです。次章で紹介する心の理論を考えながら解説したいと思います。

関係性から心の理論へ

　前の章では，共同注意によって，コミュニケーションしているもの同士が周囲の同じ状況に注目することの重要性を見ました。状況から自明な事柄については省略して人が発言したとしても，人と同じ状況に注目しているロボットは人の発言内容を理解できますし，さらに，指差しや視線の動きを使ってロボット自身が注目している対象に人の注意を誘導すれば，自明な事柄を省略したままでロボットが人に情報を伝えられることもわかりました。しかしながら，人とロボットの間で相互の共同注意を成立させるためには，指差しや視線の動きだけでは不十分なことはちょっと考えればわかります。それは，人同士の場合が良い例です。相手との関係性が構築できていないと，相手と注意を共有したり，相手の気持ちを考えたりはできません。たとえば，すぐ横に居る友達や知り合いならば目配せするだけで一緒に同じ状況に注意を向けられる場合があります。その一方で，通りすがりの知らない人との間では，友達や知り合い同様にはなかなかいかないものです。人とロボットならなおさらのことなのです。人とロボットの間でコミュニケーションするには，この壁を何とか越さなくてはなりません。この章では，お互いにわかり合う関係づくりのためにどうしたらいいのかを考えます。

ロボットとつきあうために「関係性」が必要

見知らぬロボットと仲良くなる
　人とロボットがコミュニケーションする場面でも，その間の関係性

についてきちんと考えておく必要があります。ここで問題にすることを一言でスローガンのようにいうと「通りすがりのロボットとあなたはコミュニケーションが取れますか？」です。

今，日常に目にするロボットといえば，店頭に置いてある Pepper や展示会やテレビに出てくるロボット程度しかないので，人とロボットとの関係についてしっかりと考えている人は少ないでしょう。でも，もうすぐドラえもんのようなロボットが家に登場する可能性はありますし，そうなればその所有者はロボットと日々一緒に過ごしているのでそれに対し人間の家族に近い関係を感じることになるでしょう。また，店先にロボットがふつうにいるようになれば，店員に近い存在として，お客と店員の関係性に近いものができてくるだろうと想像できますね。店先に居るロボットの能力がぐんと上がれば，将来的には人間の店員の代わりになるまで近づくことも予想できます。

私たちの生活の中でロボットが本格的に用いられるようになると，今述べたように家族や店員をはじめとして，様々な関係のもとでロボットが人とコミュニケーションするようになるはずです。人同士のコミュニケーションにおいても，お互いに共同注意をしたり，相手の気持ちを考えたりする上で人同士の関係性が影響するのですから，人とロボットの間の関係性もコミュニケーションに影響を与えると考えてもおかしくありません。ロボットを使った実験で「関係性」についてもっと考えてみましょう。

「イタコシステム」で関係を付ける

あなたが道端を歩いていて，見知らぬ人に声をかけられたとします。見知らぬ人との間には何も関係性がないのが普通です。優しいあなたは，この見ず知らずの人の言葉に耳を傾けることもあるでしょうが，急いでいたりするときには，その余裕はありません。関係性がない相手には，相手の注目対象に注意を向けたり，相手の気持ちを察し

たりということは積極的に行わないのがふつうです。これは相手がロボットであっても同じでしょう。将来，道を歩いていると，見ず知らずのロボットに話しかけられることもあるかもしれません。見ず知らずの人から話しかけられた場合と同じようなことが，見ず知らずのロボットとの間にも起きてしまうと考えられます。逆に，人とロボットの関係性を形作るような工夫をすれば，話しかけることもコミュニケーションをすることもうまくいくかもしれません。

ロボットとの関係性の有無で人の行動が違う実験

そこで，人とロボットの関係性の深さに応じて，人がロボットのことを留意しながらコミュニケーションするかどうかについて調べた実験を紹介します。人とロボットの間の関係性の有無によって引き起こされる人の取る行動の違いを見ることで，未来の人とロボットのコミュニケーションのあり方を考えることができそうです。

人とロボットの関係性のあるなしの違いを比較するために，イタコシステムという特別な仕組みを導入しました。このネーミングは，青森県・下北半島の恐山の巫女「いたこ」のアナロジーから来ています。「いたこ」という巫女は，亡くなられた方の魂を体に憑依させ，そのことばをしゃべることのできる存在と信仰されており，その構図をまねてシステムを作っています（文献 [8]）。

「おばけ」キャラが「憑依」する

イタコシステムは，コンピュータグラフィックス（CG）で描かれている「おばけ」のキャラクター（図5-1で人が手にもっているパソコンの画面に映っている）を用いています。この「おばけ」は，パソコンの画面の中にいるだけではなく，そこから車輪で動けるロボット上に搭載されているディスプレイに移動する＝憑依する＝ことができます。パソコン上で交流をもったキャラクターである「おばけ」が憑依すれば，コミュニケーションをお手伝いしてくれるように感じられる

のではないでしょうか。もし「おばけ」をパソコンで見た人がすでに「おばけ」キャラクターとなんらかの関係性を感じていたとしたら、ロボットに憑依した「おばけ」と一緒に、その関係性もロボットに移り、人とロボットのコミュニケーションが自然と開始できるだろうというねらいです。

イタコシステムで、「おばけ」キャラクターがロボットに「憑依する場合」と「憑依しない場合」で、それぞれ人の反応がどう違うかを比較すれば、人とロボットの間に関係性がある場合とない場合でコミュニケーションに与える影響がどう違うかを知ることができるはずです。

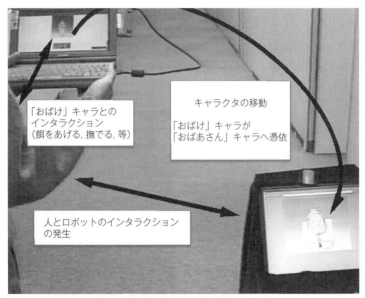

図5-1 イタコシステム

人が手に持っているパソコン画面に出ている「おばけ」キャラクターが、右下の「おばあさん」が映し出されているロボットの画面へ移動（憑依）して、人とロボットのインタラクションが発生する。パソコンからロボットへの「おばけ」の移動は「魂」が憑依することと見てイタコの名をつけた。ロボットの画面にいるのが「おばあさん」なのは、「いたこ」らしさを出すためである。（文献 [4]）

イタコシステムを使った実験を具体的に見てみましょう。実験は図5-2の部屋で行いました。実験参加者に机に座ってもらい机上のパソコンに表示される「おばけ」キャラクターと遊んでもらいました。「おばけ」にごはんをあげたり，頭をなでたりできます。最初に「実験の目的は「おばけ」キャラクターの良し悪しを評価すること」とニセの目的を参加者に伝えました。本当の実験の目的は，「キャラクターがロボットに憑依した場合としない場合で，人とロボットのコミュニケーションがどう違うか」を明らかにすることですが，それを事前に伝えてしまっては参加者の自然な反応を観察できませんので，ここでは隠しておきました。

　実際の実験では，参加者が机に座って一生懸命「おばけ」キャラクターと遊んでいると，背後から「おばあさん」を表示したディスプレイを搭載した移動ロボットが突然現れます。見ず知らずのロボットの登場です。このロボットはちょうど実験参加者の真横（それはちょうどゴミ箱の横でもある場所）で停止します（図5-2）。

人はロボットの言うことに耳を傾けるか

　そこからのロボットの行動は2通りです。

　第一の行動は，ロボットは止まったまま「ゴミ箱をよけてください」と合成音声で発話するだけです。この発話は，参加者がゴミ箱をどけてくれるまで繰り返されます。つまり，「おばあさん」を表示した見ず知らずのロボットが参加者の横で発話している状態です。

　第二の行動は，イタコシステムが搭載されているロボットを実験で用いたときにするものです。参加者が今まで遊んでいたパソコン上の「おばけ」キャラクターがロボットに憑依して，ディスプレイに「おばけ」が表示されます。その状態で，ロボットは「ゴミ箱をよけてください」と発話します。

　この2つのロボットの行動は次のような状況を実験室で生じさせることを狙っています。第二の行動でも，突然，見ず知らずのロボット

が現れ，参加者の横で停止するので，参加者もちょっと驚くと思われます。でも，その後，それまで遊んでいた「おばけ」キャラクターがロボットのディスプレイに憑依するので，参加者はロボットとの関係性を自然に感じることができそうです。つまり，見ず知らずのロボットは，「おばけ」キャラクターが憑依するだけで，相手と関係性のあるロボットに変身することになります。一方，もし第一の行動のように，「おばけ」キャラクターがパソコンの画面に留まったままでロボットに憑依しなければ，ロボットは，見ず知らずのロボットのままになります。

ここで紹介している実験では，ロボットが「ゴミ箱をよけてください」と発話する直前に，「おばけ」キャラクターがロボットに憑依する場合としない場合で，その後の結果を比較しました。この2つの条件，つまり憑依のあるなしで，参加者はロボットの発話「ゴミ箱をよけてください」に対してどのように行動の違いを見せたでしょうか。

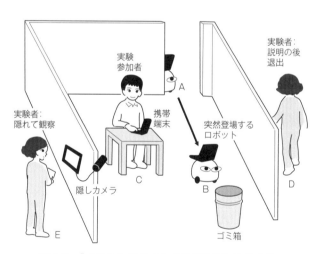

図 5-2 「イタコシステム」の実験環境 (文献 [4])

あなたは，どのようになると予想しますか？ 図5-3は，机の上のパソコンにキャラクターが留まったままでロボットに憑依しなかった条件の実験場面です。実験参加者は，ロボットが突然現れたとき，最初は当然驚きます。そして，ロボットの方にちょっと注目します。しかし，注目するのをやがてやめ，ロボットの依頼「ゴミ箱をよけてください」にも耳を傾けなくなってしまって，パソコン上のキャラクターとの遊びを再開します。

図5-3 CGキャラクターがロボットに憑依しなかった場合，実験参加者はロボットを無視した（文献 [4]）

一方，図5-4に示したのは，キャラクターがロボットに憑依した条件の実験参加者の行動です。参加者は同様に突然現れたロボットに驚きます。その後，自分が遊んでいたキャラクターがロボットに憑依していることに気がつき，ロボットの依頼「ゴミ箱をよけてください」に促され，ゴミ箱を移動させます。

表5-1の実験結果を見てください。実験参加者は合計20名いました。「おばけ」キャラクタがロボットに憑依する場合を体験した人10名と，

5章 関係性から心の理論へ

図 5-4　CG キャラクターがロボットに憑依した場合，実験参加者はゴミ箱を移動した（文献 [4]）

憑依しない場合を体験した人 10 名の結果です。ゴミ箱を移動した人数は，キャラクターがロボットに憑依した場合 10 名中 8 名であったのに対して，憑依しなかった場合は 10 名中 1 名しかいませんでした。

実験参加者が，キャラクターのロボットへの憑依の影響を受けて，ゴミ箱を移動させるようになることは私たちも実験をする前から予想していました。ところが，実験では予想外のことが起きていたのです。

表 5-1　CG キャラクターの憑依が実験参加者に与えた効果

	キャラクターがロボットに移動した場合	ロボットに移動しなかった場合
ロボットの言葉が理解できた人数	10 人中 8 名	10 人中 3 名
ゴミ箱をよけた人数	10 人中 8 名	10 人中 1 名

関係性が相手の言葉の理解に影響する

　実験が終了した後に、実験参加者にロボットが話した言葉を理解できたかどうかを聞きました。ゴミ箱を移動しなかった人は、ロボットの言葉を理解していたけどその依頼を無視したのか、それとも、そもそもロボットが何と言ったのかを理解できなかった結果ゴミ箱に触れなかったのかを調べようと思ったのです。

　表5-1に示す通り、キャラクターがロボットに憑依した場合10名中8名が聞き取れていました。それに対して、憑依しなかった場合は10名中3名しかロボットの発話を聞き取れていませんでした。結果からわかることは、「ゴミ箱を移動しなかった実験参加者は、ロボットの発話を理解できていない」ということなのですが、冷静に考えると少し不思議なことに感じられます。キャラクターがロボットに憑依しようがしなかろうが、ロボットの発話に用いられた合成音声はまったく同じものです。まったく同じ音声を聞いているにもかかわらず、キャラクターが憑依するかどうかで、実験参加者の言葉の理解に違いがでてしまったのです。これは予想外のことでした。

　ここで用いた合成音声の元々の品質のせいかもしれないとも考えられますので、音質はどうであったか調べておきました。ロボットの実験と無関係に聞き取り実験をすると、参加者が10名いたら半分の5名が聞き取れる程度のあまり品質の良く無いものでした。その品質の悪い音声に対して、キャラクターが憑依すると8名の人が理解できているので、よりよく聞き取ることができるようになっているわけです。憑依しない場合だと3名しか理解できなかったのですから、聞き取ることがより難しくなったとも見えます。

　つまり、こういうことになります。聴覚とは何の関係もない、人とロボットの関係性（つまりキャラクターが憑依しているか否か）が、人の聞き取り能力に影響を与えるというまったくもって謎めいた現象が起きていたのです。

　ロボットの発話を理解できなかったのは、自分と関係性の無いロ

ボットだと思って音声自体を無視したからではないかと思う人もいるかもしれません。しかしながら、キャラクターがロボットに憑依しなかった条件の実験参加者の中には、ロボットの音声を聞き取ろうと、ロボットのスピーカーのそばまで行った人もいます。それでも、理解できなかったのです。

ここまでくると、キャラクターがロボットに憑依したことによる効果が何らかの形で現れたと考えざるをえません。言い換えると、キャラクターの憑依によって発生する「人とロボットの関係性」によって、ロボットの発話を人が理解できるようになったということになります。その理由についてさらに深く考えてみたいと思います。

「人の心を読む」＝心の理論の大切さ

この実験の裏側では、コミュニケーションを行う上でのとても大切な能力を人が持っていることが関係しています。その能力とは、相手の心を読み取る能力です。この相手の思っていることや、感じていることを推測する能力のことを心の理論と呼びます。人は、この心の理論の能力のもとで、相手にも心があることを想定して、話したり、行動したりするのです。

人は無意識のうちに人の心を読んでいる

例をあげましょう。両腕に荷物をいっぱい抱えてドアに向かって歩いている男性を想像してみてください（図5-5）。男性は何やらもごもご言っています。そしてドアのそばには女性がいます。この場面で女性はどうするでしょうか？　普通、男性のためにドアを開けてあげるでしょう。

女性がドアを開けてあげる行動に出られるのは、人が相手の心を読む心の理論を持つからです。テレパシーがあるというのではなくて、相手の置かれている状況、相手の視線や注意対象から、相手の行動の

図 5-5 人の心を読む能力。関係性がある相手ではないと，なかなか心を読もうとしない

意図（目的）や気持ちを推測する能力のことを言っています。普段，私たちは無意識のうちに相手の心を読むことを行っていますので，この心の理論の働きに気が付いていませんが，実はこれは他の動物には無い能力と言われています。動物でも，仲間の行動を真似るものがいますが，表面的に真似ているだけで，相手の行動の意図（目的）や気持ちを理解した上で真似ているわけでないと言われています。チンパンジーなどの霊長類も心の理論を持っている可能性はあるとの議論はありますが（文献 [9]），人類が獲得した人たらしめるための重要な能力の 1 つには違いありません。

　荷物を持っている男性がこの後どうしたいのか（男性の意図），そのためにどのような希望や感情を持っているのか（男性の気持ち）を推測することで，女性は，男性が「もごもご」と言っている発言の意図（ドアを開けて欲しいこと）を，理解・想定できます。男性の意図や気持ちを察することは「心を読むこと」で，それを通して男性の話した言葉を理解できるというわけです。

　ここまでの説明で，イタコシステムの実験で起きたことがきちんと理解できますね。イタコシステムでは，キャラクタがロボットに憑依するとそれに従って実験参加者がロボットの心（行動意図や気持ち）を読みやすくなり，聞き取りづらい合成音声「ゴミ箱をよけてくださ

い」を聞き取れるようになったという現象が起こったのです。ロボットは機械で心など無いと主張する人もいるかもしれませんが、ここで話題にしているのは、ロボットの心の有無の問題ではなく、実験参加者が「ロボットの心を想定しそれを利用できる」ということなのです。「ロボットに心なんかない」と、心という言葉にひっかかる人は、ロボットの「行動目的」とか、「行動意図」、「感情」と置き換えてもらっても構いません。

心を読めばいろいろなことができる

　私たちは、アニメやゲームを楽しんでいるときには、登場するキャラクターの心や感情を汲み取りながらストーリーを楽しみます。しかし、アニメやゲームのキャラクターもロボットと同様に心は持っていません。巧みに作られたキャラクターの動きや発言があるだけです。しかしながら、人はそこに心を見出し、作品を楽しむことができるのです。これも、人が持つ「相手の心を読む心の理論」のおかげだと言えます。

　さらに、イタコシステムの実験が教えてくれることはもう1つあります。それは、人が、相手の心を読むためには、「相手との間になんらかの関係性が成立している必要がある」ということです。実験では、遊ぶことで仲良くなった「おばけ」キャラクターがロボットに憑依することで、人はロボットに自分との何らかの関係性を感じ、ロボットの心を読むことができたと言っていいでしょう。逆に、キャラクターがロボットに憑依しなかった場合、実験参加者は、ロボットの心を読まなかった・読めなかったのです。その結果、聞き取りづらい合成音声を最後まで理解することができなかったということになります。

　図5-5で、荷物を抱えた男性の心を女性が推測する話をしましたが、あの女性は男性となんらかの関係性を持っている必要があります。まったくの赤の他人が荷物を持って歩いていても、気にも止めないでしょう。しかし、その人が友人とか知り合いならば、積極的に相手の

置かれている状況に注目し，心を読もうとするのがふつうでしょう。違う例でいえば，赤の他人でも，頻繁な目配せを受け取ると，その意図や置かれている状況を推測するようになるかもしれません。この場合，もともと関係性が相手との間にないとしても，頻繁に目配せされることで，相手から訴えかけられていることに気がつき，即席で関係性ができて，そのもとで相手の心を読むということになりますね。

ロボットの「心」も読める？

ドアを通過しようとする男性をロボットに置き換えて考えてみましょう（図5-6）。ロボットが，聞き取りづらい合成音声で「ドアを開けてください」と言いながらドアの方に近づいて行っても，女性がロボットと何の関係性も持っていなければ，ロボットの心を読むことは稀でしょう。一方で，女性がロボットとの間に何らかの関係性を持つなら（たとえば，その前に何回か遊んでいたとか），そのロボットの心を読み，「ドアを開けてください」という発言を理解できることになります。

イタコシステムの実験を見かえすと，もう1つ，面白い出来事があったことがわかりました。実験結果でもちょっと触れましたが，キャラクターがロボットに憑依しなかったにもかかわらずゴミ箱をどけた参

図5-6　人とロボットの関係性によって，人はロボットの心を読み，ロボットの発言を理解する

加者が1名だけ居ました。その参加者は，理工系の大学院生で，普段から同じメーカーのロボットを研究に使用していたそうです。キャラクターがロボットに憑依しなくても，ロボットとの関係性があったために，その参加者はロボットの心を読むことができた可能性があり，キャラクター憑依なしでもロボットの心が読めるという興味深い現象が起きていたようです。

この章では，人が，相手の言葉を理解する上で相手の心を読む心の理論を用いることを紹介してきました。また，それは相手がロボットの場合でも当てはまるという興味深い結果を見てきました。さらに，人が，相手の心を読み始めるには，何らかの関係性を相手に対して感じている必要があることも明らかになりました。

イタコシステムでは，人とロボットの関係性を成立させるためにキャラクターの憑依を利用しました。しかしながら，人間同士の関係構築では，キャラクターなど用いていません。もともと，社会の役割の中で関係性（家族，兄弟，先生と生徒，店員と客）がある場合もありますし，目配せや挨拶するなど，即席で関係性を作り出してコミュニケーションしています。現在のロボットですと，メーカーの商品として有名であったり，TVで知れ渡っていたりなどして，その知名度（ある種の関係性）の下でロボットは人とコミュニケーションしています。しかし，本当に将来ロボットがありふれるようになったとき，ロボット一台一台が人と関係性を築きながらコミュニケーションする必要性がでてくると想像されます。そのときには，イタコシステムが採用していたキャラクターの憑依以外の手法で人と関係性をうまく築く仕組みをロボットに組み込まないといけません。たとえば，ロボットの視線を巧み使って人に関係性を感じさせたり，ロボットからの話しかけ方を工夫したりすることが必要になってきます。ロボットの科学と技術の研究開発にはまだまだすることがあります。

6章 情報共有に基づくインタラクション

　これまで，人とロボットのコミュニケーションを成立させる要素について紹介してきました。ポイントは

- 人の言葉を理解するために選択的に重要な情報へ注意を向けることが重要（2章）
- 注意を向けた状況を利用して初めて状況に依存した言葉を理解できる（3章）
- コミュニケーションのために話者と聞き手が同じ状況に注目するためには共同注意を構成できる必要がある（4章）
- 状況を共有し，相手の心を読むことでコミュニケーションが促進する（5章）

でした。これらの認知機能を持てば，人でもロボットでも，お互いの知覚対象，お互いの意図や感情を共有しながらコミュニケーションすることができるようになると考えてきました。そこからさらに話をすすめこの章では，人とロボットが，周囲の物に関する情報を共有しながらコミュニケーションする実例をもとに，ロボットに必要な機能について考えてみます。

指差し示せば情報共有ができる

　ロボットが指差した対象を人に理解させるためには，ロボットの視線を適切に動かす必要がありました（4章「ロボットが創る共同注意」p.73 を読み返してください）。情報の共有と指差しに関してもう少し深く考えていきます。

4章で見たように,ロボットが人に指差しでなにかを伝える場合,指差しの対象を人がすぐ見つけることができれば話は通じます。今度は,立場を逆にして,人が指差しを用いてロボットに伝える場合を考えてみましょう。人が話し手でロボットは聞き手になります。

人の指差しの意味をロボットはわかるか

人の指差し対象が何かという情報がロボットに伝わるようにするには,画像情報処理の技術を利用します。人の指差し動作をカメラ(ロボットの目にあたる)で撮影して,その映像の中から人の位置や腕の動きを見つけ出し,腕の先(指先)が指し示す方向を計算します。そして,その方向にある特定の物体をカメラに映った映像から見つけ出します。指差し対象はこれだとして,その物体が何であるのかを認識します。その物体に関する知識をロボットが持っている必要もあります。

人の指差し対象をロボットに伝える基本的な枠組みは,このような方法をうまく活用することで構築できます。では,人が指し示す対象をロボットが見つけるだけで果たして十分なのでしょうか,というのが今回の議論の出発点です。

指差しの問題を考える前に,外国の人とのコミュニケーションを考えてみましょう。自分がまったく知らない言葉を話す外国人と会ったとします。相手の言葉をまったく知らないので,何かを教えようとする場合,身振り手振りを用いつつ,とりあえず日本語で話すでしょう。そうやって教えているうちに,教えようとしている内容が本当に相手に伝わっているのかどうか,徐々に心配になってくるでしょう。気に留めておかないといけないのは,話し手は「情報が相手に届く」だけではなくて,「相手がきちんと理解できている」ことも知りたいということです。

同じことを,人が指差しでロボットに伝える場面に戻って考えてみましょう。人が指差しをしてロボットに教えてあげれば,ロボットは,

画像処理や物体に関する知識を用いて人が指差しした対象を見つけることができます。それでも，人はロボットがわかっているかどうかちょっと心配です。もしロボットが指差し対象を見つけることができたとして，見つけたことを人に上手に伝えないと，人は不安になり，ロボットとのコミュニケーションはそこから進みにくくなります。人は「ロボットがちゃんとわかっているかどうか」知りたいのです。

　では，ロボットはどのようにして自分が理解したことを伝えたらいいのでしょうか？　ロボットが見つけたことをいちいち言葉にして「はい，わかりました」と発話するやり方も考えられますが，複数の物体を指し示すときに毎回ロボットに「はい，わかりました」を繰り返されてしまうと，きっと混乱してイライラしてしまうでしょう。ここでは，ロボットの視線を用いて自然に伝える方法を紹介します。

指差しながらロボットに指示する

　例題として，人とロボットの周りに複数の物体がある場面を考えます（図6-1）。ここで人がロボットに荷物を運ぶ順番を指差しで指示する課題をやってもらうことにしました。人は，ロボットに対して指差しを用いながら，運んで欲しい順番に「これ」，「それ」と連続して発話しながら指示していきます。

　指差しの対象を捉えるために，この実験場面では，モーションキャプチャシステムと呼ばれる人の動きを簡単に知ってコンピュータに取り入れることのできるシステムを用いています。これは，人の身体の何ヵ所かに赤外線を反射する小さいマーカーを着け，周囲に配置された12台の赤外線カメラでそのマーカーの三次元位置を捉えるという仕組みになっています。事前にどのマーカーが手先にあり，どのマーカーが頭にあるといった情報を入れておくことで，肩の位置から指先の向きを計算して指差しの方向が簡単にわかります。また，周囲の物体の上部にもマーカーが貼ってありますので，物体の位置座標もモーションキャプチャシステムで知ることができます。指差しの方向にあ

る物体を探すことで比較的簡単に指示対象を見つけることができるようになっています。

図 6-1 指差しで箱を運ぶ順番をロボットに指示する実験の機材

　追究したいテーマは，指差し対象の物体を見つけることではなく，ロボットが人が指差した対象を見つけて，それを理解していることを人にどうやってわからせるかということでした。モーションキャプチャシステムによって指差し対象を見つけることは容易ですので，ロボットの動きをどう作るかについて集中します。

人とロボットは情報共有できるか
　ロボットが，人の指差しを理解していることを示す方法として，だれでも考える素朴なアイディアは，「見つけた指示対象に対してロボットが視線を向ける」ことです。人が指差した物体の方にロボットも視線を向けたのを人が見れば，ロボットが指差し対象がどれなのかを正しく理解していることがわかります。「そんなの，当たり前すぎて面白くない」と思いますか？　では，ロボットは視線を向けさえすれば十分なのでしょうか？　実は，ロボットが人の指差しに反応する時間がけっこう大切なのです。人が指を差して何秒か経ってからロボット

が視線を向けても，意味がなさそうですよね。ロボットは即座に反応した方が良さそうです。では，どのくらいの速さで？　また，どんな仕組みで？　人とロボットが，周囲の情報を共有するという観点からこの問題を考えてみましょう。

　著者が実際に行った実験を基にします（文献［10］）。実験では，2種類のロボットを使いました。まず1つ目のロボットは，人間が物体を指差すのとほぼ同時に，同じ物体に視線を向けます（図6-2）。もう1つのロボットは，人間が物体を指差し終わってから，対象物体に視線を動かし始めます（図6-3）。どちらのロボットも，人が指差した物体に視線を向けて，指差しを理解したことを示すという意味では同じですが要する時間に差があります。

図6-2　人の指差しと同時に視線を向けるロボット（文献［4］）

6章 情報共有に基づくインタラクション

図 6-3　人の指差しが終わってから視線を向けるロボット（文献 [4]）

　人の指差し行動と同時に対象物を見るという機能をロボットに組み込むと簡単そうに書きましたが，実現するには，工夫が必要です。ロボットが首を動かして対象物を見るためには，それなりに動作に時間を有します。ですので，指差し対象物がわかってから慌てて首を動かし始めても間に合いません。そこで，ロボットは指差し対象を予測して，すぐスムースに首を動かし，指差し終わるときにはもう対象をみているという動きを実現させます。これはそんなに難しいことではありません。モーションキャプチャシステムで人の動きが詳細に計測で

97

きていますので，腕がどちらの方向にどのくらいの速度で動いているのかわかります。ロボットが0.3秒先に人が指すであろう物体を予測することで，早めに首の動作を開始することができます。そして，人が物体を指差すのとほぼ同時に，ロボットは対象物に視線を向けることができます。実験ではこのようなロボットと，予測せずに少し待って指差し対象が明らかになってから首を動かすロボットを使ったのです。

　実験では，2つの場合での視線の動かし方の違いを知るために，指差しと同時に人間が話す言葉にも注目しました。コミュニケーションの中で指差しを用いるときには，「あれ」，「これ」，「それ」と指示語を伴うことがしばしばあります。指示語を用いれば，周囲の状況や文脈から自明な事柄について再度言及することを避けることができ，コミュニケーションをスムースに行うことができるようになります。ただし，指示語が使えるためには，話し手は「指示語を用いても聞き手が十分理解できる」という確信を無意識のうちに持っている必要があります。つまり，指示語が使えるなら，すでにある程度，「聞き手と情報の共有ができている」と話者が思っていることを意味します。もし，実験の中で人間が物体を指差す際に，指示語を好んで使ったのだとしたら，ロボットとある程度，情報の共有（この場合は，対象の物体についての共有）ができていると考えることができます。

　そこで実験では，実験参加者が指差しでロボットに物体を運ぶ順番を教える際に，参加者が指示語を用いることを好むかどうかを調べることにしました。教える際，指示語を使ってもいいし，物体の上に書かれた数字を指し示してもいいと参加者は伝えられます。このようにして実験参加者の指差しに対して異なる視線の動かし方をする2種類のロボットに対して，参加者は指示語で指し示すのを好むか，それとも番号で指し示すのを好むかを比較してみました。

　実験の結果を見ましょう。参加者の指差しと同時にロボットが視線を動かす場合は，参加者は指示語を用いて物体を指し示すのを好みま

した。一方，参加者が指差しを終えたあと時間を置いてロボットが視線を向けた場合は，参加者は番号を用いて物体を指し示したがりました。

この実験で確認したかったことは，人間の指差しに対してロボットがどのように視線を対象物に向けたら，ロボットが同じ物体を話題の対象として共有していると人が思ってくれるかでした。その点を，人が指示語を用いて物体を指し示すかどうかを見ることで確かめようとしていました。結果は，人の指差しとほぼ同時にロボットが対象物を見ることで，実験参加者は指示語を好んで用いるようになることを示していました。

話を総合すると，人の指差しと同時にロボットが視線を動かすと，ロボットと人が同じ対象物を共有していると人が思うようになるということです。

なぜ，人の指差しが終わってからロボットがゆっくりと視線を向けるのではダメなのでしょうか？　前に説明しましたが，指差しに対してロボットがとにかく視線を向ければ，指差しの対象物をロボットが了解したと人は見るはずです。次の節でこの謎を解きほぐしてみましょう。

同時性こそ「情報共有」のあかし

人が指を差してから対象物に視線を向けるロボットと，人の指差し動作の終了とほぼ同時に対象物に視線を向けるロボットの2種類のロボットが，人とロボットの物体の共有においてどのような違いがあるのでしょうか？　共有といっても，お互いに何か所有物を共有して使うという意味の共有ではないですよ。お互いが，同じものを見て（注意を向けて），指差し対象がなにかという知識を共有しているという意味です。お互いが，相手も同じことを知っているという共通理解です。ここでは，問題をわかりやすくするために，ロボットの指差し対

象の共有の問題と根本は同じである「二地点間の情報のやり取りによる情報共有の問題」を考えてみましょう。

これは，A地点から情報を送ってB地点で情報を受ける，そしてAとBがお互いにその情報を共有したことを認識するという問題です。つまり，Aは「あいつに知らせたから，あいつもこれがわかっているはず」，Bは「あちらから知らせてきたから，あちらとこちらは同じ知識を持っているのだな」とそれぞれ考えるということです。「A地点から情報を送ってB地点で情報を受ける」というのは，「人が指差しして，指差し対象がロボットに伝わる」ことに相当します。そして，「AとBがその情報を共有する」というのが，「人間とロボットの双方が指差し対象について了解している」ことに相当します。

戦国時代の「情報共有戦」は……

A地点からB地点に情報を伝え共有する問題をもう少し具体的な場面設定で考えてみます。

あなたは戦国時代にいます。2つの山（B1，B2）のそれぞれに味方である○軍1，2が居て，谷底（R）に敵の×軍が居ます（図6-4）。大変微妙な戦局で，2つの○軍が同時に攻めれば，×軍に勝つことができます。どちらか片一方の○軍だけで攻めても×軍には勝つことができません。○軍は同時（同時刻）に攻撃を開始しないといけません。しかしながら，時は戦国時代ですから携帯電話もありません。そこで，早馬に手紙を託して，○軍1は，何時に攻めるかを○軍2へ伝えます（図6-5）。さて，早馬は○軍2へ到着し，○軍2の大将が手紙を読んだとします。ここで質問ですが，この時点において果たして○軍1と2は，同時刻に攻めることができるでしょうか？

6章 情報共有に基づくインタラクション

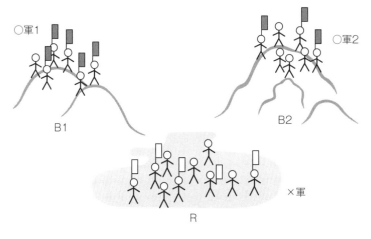

図6-4 ○軍と×軍の戦い

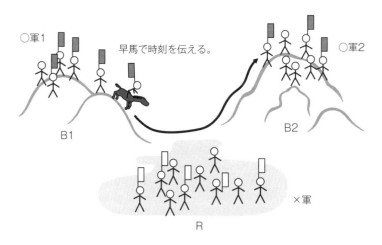

図6-5 ○軍1は○軍2へ早馬を送り，攻撃時間を伝える

101

答えは，Noです。○軍2は時刻を知ることができましたが，○軍1にとってみると，本当に手紙が○軍2に届いたのか心配です。早馬が谷底を通るときに×軍につかまって手紙は届いていないかもしれません。○軍1は，情報が○軍2に届いたのか心配なので，予定時刻に攻めることができません。○軍2の方も，○軍1が届いたと確信できないので，むやみやたらと攻撃を開始することができません。

　ではどうするべきなのでしょうか？　○軍2は，手紙を受け取ったことを伝える早馬を○軍1へ送ることになります（図6-6）。○軍1は，早馬から手紙を受け取ることで○軍2に時刻が伝わったことを知り，安心します。さて，今度は，同時に攻め入ることができるでしょうか？

　答えは，またまたNoです。今度は，○軍2の方が不安に陥ります。返事の早馬がつかまっているかもしれないので，○軍1が不安を解消できず攻め入らないかもしれないからです。○軍1の方も，○軍2が返事が届いたか確信できないと推測することができますので，実際に攻め入るのを躊躇すると思われます。

　そこで○軍1は再び○軍2の方へ，返事が来たことを伝える返事を早馬で送ります（図6-7）。さて，今度は攻めることができるでしょうか？　だんだん何が起こっているのか理解してきた人もいると思いますが，今回も攻めることができません。なぜなら，返事の返事が届かないことを○軍1が心配するからです。そのため，○軍2は，返事の返事の返事を送ることになります。

6章 情報共有に基づくインタラクション

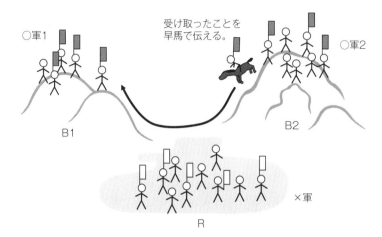

図 6-6 ○軍 2 は○軍 1 へ早馬を使って，受け取ったことを伝える返事を送る

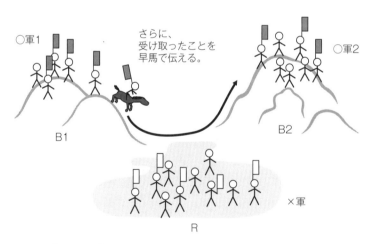

図 6-7 ○軍 1 は○軍 2 へ早馬を使って，返事を受け取ったという返事を送る

時刻の情報を共有するために◯軍1と2は何回早馬を送り合う必要があるのでしょうか？　実は，無限に早馬を送り合う必要があるのです。片方が，早馬を送るたびに，もう片方が不安になる状況は，早馬を何回送っても解消されることは無いのです。不安になる理由は，ずばり，時刻の情報を相手と共有できている確証が持てないことに起因しています。つまり，メッセージをお互いに送り合うやり方では，有限の回数だと情報の共有ができないことを意味しています。

　もちろん，早馬を送り合う回数が増えるたびに，相手が同じ情報を共有している確信度は増すと思います。また，日常生活で約束をする場合，1往復か1往復半メッセージを送り合えば十分だったりします。しかし，本当に双方が同じ情報を持っていることを証明しようとすると，早馬の例でみたように無限回メッセージを送り合う必要があるのです（図6-8）。

　実際には，無限に送り合うことはできません。これでは，情報を送

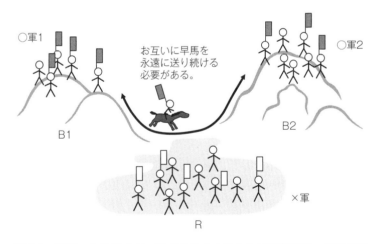

図6-8　◯軍1と◯軍2が，時刻を共有するためには無限回，早馬を送り合う必要がある

6章 情報共有に基づくインタラクション

り合うだけでは，完璧な情報の共有ができないということになってしまいます。では，どうしたらいいのでしょうか？ その方法は，光のような早い通信手段を双方が用いて，同時にメッセージを送り合うことです。戦国時代だと，狼煙（煙をあげて知らせること）を同時にあげることになります（図6-9）。相手の×軍にバレてしまいますが，〇軍1と2の双方が攻めるときに同時に狼煙をあげることで情報を共有することができます。〇軍1が狼煙をあげて，その煙が現れて〇軍2に届く（光として相手に届く）のとほぼ同時に，〇軍2からの狼煙の煙も見ることで，相手も，同じ時刻を共有できていることがわかります。

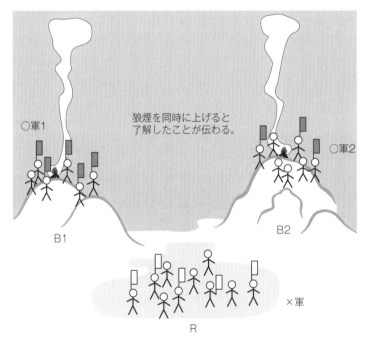

図6-9 〇軍1と〇軍2が，同時に狼煙をあげて，時刻の共有を行う

同時に狼煙をあげることができたことは，時刻が共有できていることの証になります。

一足先に顔を向けるロボットに人は一安心

さきほどの実験のロボットに箱を運ぶ順番を指差しによって伝える問題を，はっきりと戦国時代の早馬・狼煙の話になぞらえて考えてみます。

まず，戦国時代の早馬を送り合う状況に近いと考えられる人とロボットのインタラクションは，人が箱を指差して，指差し対象をロボットが認識してからロボットが自分の顔を対象の方向に向ける，という状況で発生します。人が○軍1で，ロボットが○軍2になります。人が箱を指差すことは，○軍1が○軍2に早馬を送ることに相当します。そして，ロボットが指差し対象を画像認識で認識することは，○軍2が早馬をうけとった状態になります。その後，ロボットが顔を指差し対象に向けることは○軍2が返事の早馬を送ることに相当します。人の注視対象へロボットが視線を向けることで，ロボットが指差しを理解したと知ることができます。

指差すことで対象物体を教えるという意味では，こういう過程が実現できれば十分なのかもしれません。しかし，実験では，指差しと同時に使う言葉に指示語を用いることを人が好まなかった点から考えると，人がロボットと指示物体を共有している人の実感が薄かったのではないかと想像されます。

一方で，人の指差し対象を予測して，指差しとほぼ同時に視線を向けるロボットの場合はどうでしょうか？　対象物体への指差しを人が終える前に，ロボットが対象の物体へと視線を向ける動作は始まっています。ロボットの反応は，情報を受け取るよりも前に予測して動いているように人からは見えます。指差ししたのと同じ対象にロボットがすぐ向いたので，とにかく，人は，コミュニケーションの相手であるロボットとほぼ同じ情報を共有できているという感覚を持つことが

できます。

　また,ここで人は,ロボットが指差しを予測して動いていることを知らないのに,同時性行動を見るだけでなぜか,情報を共有できている感覚を持ってしまうようです。そもそも,(予測して行動する結果現れる)同時性を見ると人が安心するような心理メカニズムを持ったのはなぜなのでしょうか？　あくまでも著者の仮説ですが,(予測して)同時性を示すことが進化のなかで有利だったからではないかと考えています。同時性を見ると安心して相手を信用することで,結果として本当に情報共有ができていることが多いという事実が進化の過程でこの形質を獲得させてきたのかもしれません。

　戦国時代の早馬では,この同時に行動すること(同時性行動)の確認ができません。しかし,狼煙をあげれば(相手にバレてしまうというデメリットがありますが),同時に行動できたことを確認でき,情報共有の証拠を提示した効果があるのです。ロボットが,人の指差し行動とほぼ同時に対象物を見ることができた場合も,同様に同時性行動の確認ができ,ロボットと人が情報共有できている証拠を人に提示できたというわけです。

事前に備わっている情報を利用した情報共有

　これまでの節では,言葉のやりとりや,身体の動き,ジェスチャによって情報共有をする際には,同時に別のなんらかの行動を示すことが効果的であることを見てきました。しかし,コミュニケーションの中ですべての情報を話し手と聞き手が共有していく必要は必ずしもありません。私たちには,コミュニケーションを介さなくても共有している情報があるのです。それは,私たちの五感を通してダイレクトに周囲から取得している情報です。

会話で大事な五感についての話題

　たとえば，汗が滴り落ちるほどのとても暑い日に，初めて会った人と会話するときには，「いやー，今日は暑いですねー」と切り出すことも多いですね。なぜこんな会話をするのでしょうか？　当たり前すぎて考えたこともない人もたくさんいると思います。誰でも理解可能な適当な話題だからと答える人もいるかもしれません。もちろん，その通りなのですが，なぜ適当な話題なのでしょうか？

　ものすごく暑い日に，人は当然，皮膚を通して熱気を感じます。同じ場所に居合わせる人にとって，感じている感覚はほぼ共通なものだと想定できます。この章では，人が他人と情報を共有することの難しさや，情報を共有するためには同時性行動をとる必要があることを説明しましたが，こと五感がからむ情報については，双方の人がその場に居合わせるだけで共有可能な情報が用意されているのです。

　暑い日に「いやー，今日は暑いですねー」と話しかけると，体としてはすでに五感を通して同じ情報を持っているので自然と「そうですねー」と返事ができる。返事をもらいやすいという効果もあるのですが，ここでは，さらにもう一歩，深堀りして考えてみます。

　暑い日に，同じ感覚を持つのは，同じ場所に居合わせれば当然のことです。しかし，居合わせるだけでは，同じ感覚を持っていることが共有されていません。それぞれが気温に対して（客観的に）同じ感覚を持っていることがわかっているだけで，相手も同じ感覚を持っていることはお互い気にも止めないでしょう。「今日は暑いですね」から始まる会話は，この状況を一変させます。会話に参加すればすぐにお互い同じ感覚を持っていることに気がつきます。共同注意の説明でも紹介しましたが，お互いが同じ情報を持っていることに気がつくと，共有感が生じます。ここでは，体を通して自動的に同じ情報が知覚されているので共有が簡単に起きるのです。

　共同注意では，同じ対象物に向けている注意を共有するので，相手の心の窓を通して世界を見て，お互いに共感しあえるようになること

を見ました。この例でも同様で,「今日は暑いですね」と会話をすることで,暑いことを共有するだけでなく,暑くて大変であるという事実をお互いに共感し合うことができます。

ここに,会話を「今日は暑いですね」で切り出すヒントが隠れています。体の五感を通してすでに同じ知覚を持っている場合,感じていることを伝え合うことで,お互いが簡単に,相手の心を読み合い共感する関係を築くことができるのです。初めて会った人でも,共感を基にして会話を開始すれば,会話を円滑に進める上でのある種の基盤のようなものができあがるというわけです。基盤ができていれば,仕事の話や重要な案件についての本題の会話もうまくいくことでしょう。

五感共有はロボットと人でも有効か

前振りがとても長くなりましたが,この節の後半では,五感の共有を前提とした会話が人とロボットのインタラクションにおいても有益かどうかを考えましょう。人同士の会話で有益な話題選択であることは,すでに見た通りですが,人とロボットの会話でも同じやり方が通用するのでしょうか? ロボットは,人と違う体を持ちますし,人と違う形で世界を認識していて,人と同じ感情や感覚も持ち合わせていません。機械であるロボットが,人と感覚を共有しながらコミュニケーションできるのかどうか……。

人間が五感で感じる情報を利用した会話の有効性があるかどうか確かめるために,人の感じている感覚に関して発言するロボットを用いた実験をしました。

実験室には,お茶,チョコレート,景色の良い窓,お土産(赤い箱と青い箱の2種類)が小道具として用意されています(景色は,窓からの本物の眺めなので小道具ではありませんが)。実験参加者(主に大学生)は,部屋に入ってロボットとコミュニケーションするように促されます。部屋の中では,参加者とロボットの二人っきりです。参加者が部屋に入ってくると,ロボットは参加者に挨拶するとともに,天気,お

茶，チョコレートの順番でそれぞれの小道具を用いながら会話を行っていきます。

　人間の五感に関連した発言の有効性を知るために，2種類のロボットの発言を用意しました。1つは，それぞれの状況で人が五感で感じることに関連した発言，もう1つは，事実や小道具など物事について説明する発言です。1人の参加者は，どちらかのタイプのロボットとのみ対話します。

暖かい日，冷たいお茶，そしてチョコ

　具体的に人とロボットの会話の例を紹介しましょう。実験した日は春先の暖かい日で天気は快晴でした。そこで人の五感を表現するロボットは，参加者に「こんにちは」と挨拶したあと「今日は暖かいね」と人が五感で感じているはずのことを発話します。もう一方の物事を説明するロボットの方は「今日はいい天気だね」と（五感にはかかわらない）天気に関する客観的な事実を発話します。

　天気の話題の次は，冷たいお茶を使った会話です。ロボットは，両方ともお茶を指差して，「飲んでみてね」と催促します。その後，人がお茶を手にしたり飲んだりしたときに，人の五感を表現するロボットは「冷たいでしょ？」と，人の感覚に関連した発言をします。一方で，物事を説明するロボットは「むぎ茶だよ」と発言します。「冷たいでしょ？」という発言は，お茶を手に持ったり，飲んだりしたときに人が感じている感覚を表現した発話文ですが，物事説明型のロボットの発話には感覚絡みの言葉は避けられています。

　次に登場する小道具はチョコレートです。この場面に至るまで，五感を表現するロボットがからんでいるグループの参加者は2回ロボットから自分の感覚に関する発言をもらっています。その効果を見るために両方のグループの参加者に対してロボットの言うことを聞くかどうか観察してみます。

　ロボットは手先に載せたチョコレートを実験参加者に差し出し，「こ

れあげるね」と発話します。参加者がチョコレートを手にとった後,「食べてみてね」と促します。ここで,参加者がロボットの促しにしたがってチョコレートを食べるかどうか観察しました。五感を表す発話をするロボットと対話を経験した参加者は全部で11名いました。そのうちの11名が実際にチョコレートを食べました（図6-10）。物事の説明をするロボットとの対話を経験した参加者は全部で10名いて，そのうちチョコレートを食べたのは5名のみでした。この差を見ると,五感を表現するロボットの発話を受け取ってきた参加者は,ロボットからの促しに自然と従えるようになっていそうです。

図6-10 ロボットからチョコレートをもらって食べる実験参加者(文献[4])

参加者がチョコレートを食べる食べないにかかわらず，この後ロボットはさらに発話を行い，五感を利用したコミュニケーションの効果を高めようとします。五感を表現する発話をするロボットは「おいしいでしょ？」と発話します。物事を説明するロボットは「アメリカのチョコだよ」と発話します。

ここから先のロボットからの発話は，五感を表現するロボットも，物事を説明するロボットも同じになります。天気とお茶，チョコレー

トのシナリオで行った対話の効果を，共通のシナリオの中で検証することになります。

景色とおみやげに反応するか

　ロボットは，窓際まで移動していきます。横浜市の北端にある慶應義塾大学矢上キャンパスの北側は，都内の高層ビル群が一望できるすばらしい眺望なので，ロボットは，チョコレートのシナリオ実行のあと，窓の方へ移動して，「わー，いい眺めでしょ？」と発話します（図6-11）。この発話に対して実験参加者が同意したかどうかを確かめました。事前に，五感に関する表現をするロボットとインタラクションしていた実験参加者11名のうち10名がロボットの発話に頷き，同意を示していました。一方で，説明をするロボットとインタラクションしてきた実験参加者10名のうち，同意した者は4名しかいませんでした。他の6名は，特に頷くこともなくロボットの横に立っているだけでした。景色に関するトピックにおいても，ロボットが感覚を表現した発話を事前に行っていたことによって，実験参加者がロボットに関わろうとする態度が変わったのが見受けられます。

　最後は，赤と青のお土産の箱を使った会話です。ロボットは，窓のそばからお土産が置いてある机のそばまで移動します。そこでロボットは次のように発話します。「ああ，そうだ，お土産があるんだ」「どっちか好きな方をとってね」「ロボビー（ロボットの名前）は赤が好きなんだ」と発話します。このあと参加者がお土産を手にとった後でロボットは次のように発話します。「今日は来てくれてありがとう」「あっちが出口だよ」「バイバイ」。ここで参加者が，手にとったお土産を持ったまま部屋を退出するかどうかを観察しました。五感を表現するロボットとインタラクションした参加者は11名中7名がお土産をもって部屋を出ました。一方で，説明するロボットとインタラクションした参加者でお土産を持って出たのは10名中2名だけでした。

　参加者が五感で感じている内容をロボットが話すと，参加者は，ロ

6章 情報共有に基づくインタラクション

図 6-11　窓の景色の良さに同意する実験参加者（上）（文献[4]）。**矢上キャンパスからの景色（下）**

ボットの促しに応じてチョコレートを食べたり，窓の景色の意見に同意したり，お土産を持って帰ったりするようになる。物体を説明したり情報を伝えたりするロボットでは，参加者の行動は反対に，チョコレートを食べなかったり，ロボットの意見に同意を示さなかったり，お土産を持って帰りませんでした。これらの実験参加者の行動結果は，何を意味しているのでしょうか？（図 6-12）

ロボットの文脈に乗って楽しんだ人

　この違いは，参加者がロボットとの対話にリアリティを感じて没入しているかどうかの違いを表していると考えられます。ロボットの促し通りにする行動や，ロボットの発言への同意，ロボットからもらったものを持って帰る行動は，ロボットとのインタラクションの文脈に

乗りかかる形で初めて成立します。

お土産を持って帰った理由／持って帰らなかった理由に関して，参加者から面白いコメントをもらっています。お土産を持って帰った参加者は，「お土産だから」とか「ロボットがせっかくくれた物だから」と答えており，ロボットからのお土産という文脈にそった解釈で行動していたのがうかがえます。

一方で，お土産を持って帰らなかった参加者は，「実験だから」や「次の実験で使うと思ったから」と返答しており，ロボットとのコミュニケーションの文脈よりも，実験に参加して行動しているとの意識が強

図 6-12　お土産を持って帰る被験者（上）と置いて帰る被験者（下）（文献 [4]）

かったことがうかがえます。

　ビデオゲームでも，夢中になっているときはゲームのキャラクターになりきり，ゲームの世界の文脈に没入してプレーすると思います。お土産を持って帰った参加者は，没入しているゲームプレーヤーと同じように，ロボットとのコミュニケーションの世界に没入していたのだと言えます。そして，ロボットとのコミュニケーションへと人を没入させたのは，人が五感で感じている内容についてロボットが行った発言なのです。

　なぜ，ロボットは，人が五感で感じていることを発言して，人をロボットのコミュニケーションへと引き込むことができたのでしょうか？　すでに解説しましたが，人同士の会話でも，会話の出だしの方で天気の話題が頻繁に登場するなど，お互いに体が感じている共通の情報を基に話を始めれば，コミュニケーションを進めていく上で重要となる文脈の共有が円滑に行われていくことを見ました。ロボットは，人と違う体を持ちますし，人と同じ感覚も持ち合わせていません。それなのに，人同士の会話と同じように，五感を表現する発話を投げかけることの効果はあったと言えます。

心の理論のスイッチオン！

　ロボットが，人が感じている五感に関連した発話をすると，人は「ロボットが自分の感覚に気がついており，ロボットが自分の感覚を共有できている」と感じることになります。ここで働く重要な機能は，既に紹介した「心の理論」です。人は，感覚を表現した発話を聞くことで，ロボットから心を読まれた感覚を持つと同時にロボット側の心を読むことになります。ロボット側に心の状態を想定することで，ロボットが自分の状態を知っていることに対して安定的な解釈を与えることができるのです。一度，ロボットへの心の理論が動き出すと，ロボットと文脈を共有しながら，ロボットとのコミュニケーションへと没入してくのは自然なことなのだと思われます。一方で，説明しかしない

ロボットの場合，人は，ロボットの心を想定しなくても，容易に説明内容を解釈することができます。その結果として，心の理論の働きも鈍くなり，コミュニケーションの文脈へ引き込まれるよりもむしろ，参加した実験という限定された枠の中でロボットとコミュニケーションをしているという意識が強くなるのだと想像できます。

　ロボットが発する五感を表現した発言は，ロボットとのコミュニケーションへと人間を引き込む効果があることが実験を通してわかりました。同じ体を持たなくとも，人が五感で今まさに感じていることを発話することで，人から見ると感覚をロボットと共有しているような錯覚を覚えるのだと考えていいでしょう。情報や感覚を共有することで，人とロボットのインタラクションが円滑に開始できたり，ロボットとのコミュニケーションの文脈へと人を引き込めたりすることが期待できます。

　実験室で見てきたインタラクションは長くても10分程度です。これから，ロボットが私たちの生活の中に本当に入り込んで日々継続的にインタラクションをするためには，数時間，数日，数ヵ月，さらには何年も人と付き合える仕組みが必要となります。人とロボットが街で出会って，感覚を共有する会話をすることで関係性を築くことができた後，人とロボットが長期の関係を築いていけるのかが今後の課題になります。何事も最初が肝心という観点から考えると，本章で紹介した手法は，人とロボットの出会いを促進する技術として普遍的価値を持つものだと言える可能性はあります。これまでお話してきた研究がこれから人とロボットがつきあう基礎になればいいなあと思っているのです。

ロボットの社会性と未来

達成できたこと，できなかったこと

　本書を通して，様々な人とロボットのインタラクションを見てきました。そこでは，ロボットの内部の情報処理メカニズムやロボットの動作や発言を，人の認知特性に照らし合わせながら設計することで，単純な音声対話とは異なるインタラクションが人とロボットの間で実現できることがわかりました。人とコンピュータのインタラクションに比べて，人とロボットのインタラクションが特徴的なのは，人とロボットを取り巻く周囲にある「物」や「出来事」が話題の対象になることです。コミュニケーションの文脈に重要な周囲の状況に人とロボットが正しく注意を向けること（注意機構），お互いが同じ対象へ注意を向けていることに気がついていること（共同注意），注意を向けている状況に応じて発言を理解すること（状況意味論），共有している注意対象を元にして相手の気持ちや態度を理解すること（心の理論）について考えました。さらに，人とロボットが，情報を共有する上で必要となる要件について考え，最後に，ロボットが，人の五感で感じている感覚を共有してコミュニケーションすることで，ロボットとのコミュニケーションへと人を没入させられることを見ました。

　本当に使い物になるレベルのコミュニケーションを人とロボットの間で実現しようと思うと，以上の考察で足りないことはまだたくさんあります。一番の難題は，1章でも少し触れましたが，ロボットによる人間の心の状態の推測です。ロボットと人のインタラクションが

あったとき，ロボットの相手の「人」がどのような意図や目的を持ち，ロボットの発言や動きに対してどのような気持ちや態度でいるのかということは，カメラで人の表情を認識したり，人のジェスチャや姿勢を認識したりしても，ロボットが直接観測して推測できるものではありません。また，ある程度推測できるようになったとしても，推測が外れていた場合にはそれを認識できる必要がありますし，外れたままコミュニケーションしつづけた場合には，どこで食い違いが起こったのか判定して，修正するコミュニケーションをしないといけません。ここで挙げたコミュニケーション能力はロボットに持たせるべきものなのですが，実現できるのは少し先になりそうです。

　人とコミュニケーションするロボット研究の目標は，人からロボットへの一方的な命令ではなく，相互に発言しあいながら行うコミュニケーションであることを述べました。発言しあうといっても，現状の技術で構築できるロボットは，あくまでもロボットが会話の主導権を握り人が話を合わせる形式をとっています。ロボットの開発者が，面白い会話コンテンツを事前に用意するので，人の方もロボットとコミュニケーションしようとしますが，人と人のコミュニケーションとはだいぶ異なります。つまり，人同士のコミュニケーションでは，双方が話題を提供しあっていき，文脈を共に創り上げるという意味を込めて，人と人のそれは共創的コミュニケーションと呼ばれたりもします。ロボットが人の心の状態を推測することができていれば，人とロボットの双方の発言で会話の話題が形作られ，人と人のコミュニケーションに近いコミュニケーションが人とロボット間でも繰り広げられると期待できます。今の人とロボットのコミュニケーションはそこまで達していません。

　人がロボットをどのように捉えているのかという，人のロボットに対する認知も，人とロボットのコミュニケーションを実現する上で重要になります。5章では，ユーザと仲良くなった「おばけ」キャラクターがロボットに憑依するかしないかで，ユーザがロボットの意図を読ん

で発言を理解したり，ロボットからの依頼を受け入れたりするかどうかが変化するのを見ました。ここで注目したいのは，「おばけ」キャラクターがロボットに憑依しなかった場合です。「おばけ」キャラクターが憑依しなかった場合は，ロボットが実験参加者にいくら「ゴミ箱をよけて下さい」と発言しても伝わることはなく，しまいに実験参加者はロボットを無視して，与えられた課題を黙々とこなしていました。しかし，これがロボットではなくて人だったらどうでしょうか。何度も話しかけられたら，いくら関係が無い相手であってもさすがに無視できないのではないかと思います。人がロボットを平気で無視できてしまうのは，人にはロボットの（人が持っているのと同じような）社会性が著しく欠如していると見えるからです。話しかける相手を無視することが失礼な行為であると社会の中での通念となっていると，その相手を無視できません。しかし，ロボットが相手だと，そこに社会性を見ないために，この社会的通念が適用されません。人に対するのと同じ社会的な通念をロボットと共有していると人は思わないのが原因だと言えます。

　というわけで，ロボットに社会性を与えることが重要となるのですが，それは，人がロボットと社会的なルールを共有していると思っていなかったり，ロボットに対して社会的な通念を適応すべきだと思っていなかったりすることに関係します。この問題の解決はなかなか難しいのですが，コミュニケーションは社会的通念やルールの上で成り立っていますので，ロボットの社会性をどのように向上させるのかも今後の課題になります。

　コンピュータで制御されて自律的に行動するロボットは，社会性の低さの問題に直面しますが，その一方で，人が遠隔から操作してロボットの周囲の人とコミュニケーションするテレプレゼンスロボットでは，この問題が発生しません。周囲の人にはロボットの背後に人がいることがわかるので，周囲の人がロボットに対して社会的に行動するのは当たり前なのですが，見た目がロボットということを考えると，「社

会性というのは何に起因して発生するのか」という問題を考えさせられます。図7-1は、筆者の研究室で開発した肩乗り型のテレプレゼンスロボットの使用場面です。肩乗りロボットは、装着者の肩に乗って屋外でも屋内でもどこでも移動できます。実験では、本当に秋葉原の街に出て、ロボットを介してお店の人と話をしています。写真を見ると店員はロボットの目を見て話しています。話が終わるとロボットに向かって会釈しています。「目を合わせて話す」、「別れるときには会釈する」という社会的な規範に従って店員はロボットとコミュニケーションしたのです。ロボットは人が操作していることは店員に伝えていなかったのですが、ロボットのスピーカーから聞こえる声から、さすがにロボットの背後に人がいることがわかっていたのでしょう。この場合、ロボットに対する社会的な行動が起きたのも不思議はありません（文献 [11]）。

社会性を与える／確認させる

さらに、もう少しだけ未来の状況を考えてみましょう。たとえば、肩乗りロボットの操作者の話し声を事前に録音しておいて、操作者の肉声を用いて図7-1の会話場面とほぼ同じ発話を肩乗りロボットが再現したらどうなるでしょうか。多分、店員は社会的な行動をこのロボットに対しても同様に示すと思われます。実際にロボットの背後には人がいないにもかかわらず、店員はロボットを社会性のある存在として認めるでしょう。

同様の現象は、インターネットのツイッターサービスでも起きています。普通のツイート（つぶやき文）は、誰か人が打ち込んだものです。読んだ人は、そのツイートの作者のことを想像しながら読むのでしょう。しかし、「ボット（bot）」とよばれるコンピュータプログラムは、あらかじめ集めておいたある個人のツイートを、ランダムに選んでツイッターに流します。読んだ人が、ボットプログラムからのツイート

7章 ロボットの社会性と未来

図 7-1 肩乗り型のテレプレゼンスロボット　TEROOS（文献 [4]）

121

だと知らなければ、ある人がその時刻に行った発言だと思い込んでしまいます。震災時にボットが流した通常の発言を、ボットと知らない人が、不謹慎だと怒ったという出来事も実際に起きています。ボットプログラムの発言が不謹慎だと言ってしまった背後には、ボットプログラムの発言を人の発言だと誤解した結果、社会的規範の欠如を人が懸念したことを意味しています。ボットプログラムに社会性を一瞬でも感じていたことを表します。人は、機械の発言であっても人の発言と思い込むことで、そこに社会性を感じてしまうものなのです。

　人が、ロボットに対して社会性を感じたり、ロボットに対しても社会の規範を当てはめて行動するようになることで、人とロボットのコミュニケーションは人同士のものに近くなると思われます。しかし、肩乗りロボットの例やボットプログラムの例は、ロボットが社会性を持つようになるためには、ロボットが持つ機能や性能が必ずしも高くなる必要がないことを示唆しています。むしろ、「人がロボットをどのように捉えるか」ということに大きく依存しています。未来の肩乗りロボットについてお話ししたようにロボットの背後に人がいると思い込むだけでも、人はそこに社会性を感じます。背後に人がいると思い込む場合よりも弱い社会性しかロボットに与えられないかもしれませんが、たとえば、施設の受付スタッフや警備員など、私たちの社会の中ですでに明確な役割がある仕事をロボットがこなしている場合は、その役割の範囲で人は社会的にロボットと付き合うことが期待できます。

社会の一員となるロボット

　最後に最も重要なことをお話しして締めくくりたいと思います。それは、「ロボット自体を社会の中に埋め込む」ということです。少しわかりづらいので一例を紹介します。人同士でしたら相手に失礼なことをすると、その相手から悪い印象を持たれます。しかし、そこで人

が本当に恐れているのはその悪い情報が他の人にも伝わってしまうことです。風評，いわゆる噂がたってしまいます。風評や噂の伝搬を避けることは，相手に対して社会的な態度を取る理由の1つだと言えます。一方で，ロボットに失礼な態度をとったとしても，ロボット自体に罪悪感を感じないとともに，評判を落してしまう噂も流れることはありません。ロボットが積極的に相手についての噂を流すというのは良い方法でありませんが，もし，ロボットにそのような仕組みが備わっていたら，皆さん，ロボットの前で礼儀正しくしますよね。そんなロボットは嫌だという意見はあるでしょう。いずれにしても，人とロボットのやりとりが人の社会ネットワーク（人と人の繋がり）の中でなんらかの形できちんと位置付けられれば，ロボットは真の意味で私たち人間社会の一員になれるのです。

　人とコミュニケーションできるロボットを実現して行く上で，人の認知的特性を考慮してロボットの機能を設計していくこと，人がロボットを社会的な存在として受け止める認知的要因を考慮していくことがとても大切です。ロボットを作ると言うと，機械工学やコンピュータ科学，人工知能技術といった工学的な分野を想像するのが普通かと思いますが，人とコミュニケーションするロボットでは，認知科学という「人が世界をどのように認識して活動するのか」という人間に関する研究がとても重要なのだとわかっていただけたかと思います。

あとがき

　本書では様々なロボットが登場しました。自明なことが省略された発言を理解するロボット、重要な周囲の情報に注意を向けるロボット、人と同じ物へ注意を向け共同注意を実現するロボット、人との関係を利用して人にロボットの心を読ませるロボット、指差し対象の情報を共有するロボット、人の肩に乗ってロボットの社会性を人に感じさせるロボット、どのロボットも、ロボットとインタラクションする人の認知的特徴を反映させて設計されています。人の認知的特徴に則して情報を扱ったり、行動したりする能力をロボットに与えることで、人とロボットのインタラクションが円滑に行われることも見てきました。

　コンピュータやスマートフォンといった情報通信機器と人とのインタラクションの場合には、音声や映像、テキストが主に用いられますが、ロボットの場合には、移動したりジェスチャしたり、視線を動かしたりと物理的な身体も用いられます。おのずとそこで行われるインタラクションも、対面した人同士のものにより近くなります。人の認知特性を明らかにしていくという観点から考えれば、ロボットとのインタラクションの研究をすれば、情報通信機器よりさらに広くて興味深い認知科学の知見が得られそうなのが分かります。筆者が、一連の研究を始めた1998年当時は、二足歩行できる人型ロボットはまだ発表されておらず、ペット型のロボットの研究の取り組みがちらほら見受けられる程度の状況でした。まだ（普通の）人がロボットと触れ合うことなど多くの人が想像できない中でやっていたので、相当奇異な目で見られながらの研究でした。

それから、約20年近く経ち、人型ロボットの商品やサービスが登場しております。本書で紹介した知見が採用されているかというと、実のところ未だに多くの機能が実現されていません。状況に自明な事柄を参照しながら指示語を理解することは現時点のロボットには不可能です。談話状況や記述状況で言葉の意味を扱うこともできないのが現状です。世の中に出回っている人と会話できるロボットは、ロボット側から次々話題を投げかけ、それに対して人に返答してもらう形でかろうじてインタラクションを成立させています。人とロボットの周囲の状況や出来事も加味されることはありません。本書で紹介した知見を、どんな状況でも動く形で実際のロボットに搭載するには、センサからロボットが周辺状況を把握する難しさや、ユーザの注意対象を見つける難しさなどがあり、実用化に向けてまだまだ研究開発が必要なのが現状です。しかし、深層学習を始めとする人工知能技術、特に機械学習の発展が目覚ましく、センサデータからコンピュータが上手に情報を抽出できるようになってきています。そう遠くない未来に、人と状況を共有して、ジェスチャし合いながら真の意味でのインタラクションができるスーパーロボットが皆さんの目の前に現れるでしょう。読者のみなさんの中からも、インタラクションできるロボットに関する未来の研究者が出てきたら、本書を執筆した甲斐もあります。そう期待しながら、本書を締めくくりたいと思います。

　本書の執筆にあたって、認知科学シリーズの企画者でもありアドバイザーでもある東京大学の植田一博先生には、本書を執筆する機会をいただくと共に、原稿への細部にわたるご助言など多大なご尽力をいただきました。ロボットの作り方の側面に認知科学のエッセンスを織り交ぜることができたのは、いただいた貴重なコメントのおかげだと考えております。また本書はより幅広い読者に研究内容を楽しんで理解していただけるように科学ジャーナリストの内村直之氏にも構成な

あとがき

らびに内容を確認していただいております。ここに感謝の意を表させていただきたいと思います。また、執筆に際して日常的に支えてくれた妻の友美と娘の美侑にも感謝しております。

2018 年 4 月 11 日

今井倫太

文献一覧

さらに理解を深めたい読者のために、本書中で引用した文献および紹介した文献・URL を以下にまとめました.

[1] 森敏昭・吉田寿生編 (1990).『心理学のためのデータ解析テクニカルブック』北大路書房.

[2] ルーシー・A・サッチマン (1999).『プランと状況的行為 —— 人間 - 機械コミュニケーションの可能性』, 佐伯胖監訳, 産業図書.

[3] 金沢創 (1999).『他者の心は存在するか —— 〈他者〉から〈私〉への進化論』金子書房.

[4] http://www.ailab.ics.keio.ac.jp/webpage_personal/cognitive_robot_interaction/

[5] 今井倫太・開一夫・安西祐一郎 (1994).「注意機構を利用したヒューマンロボットインタフェース」『電子情報通信学会論文誌』D-II, 77(8), 1447-1456.

[6] ジョン・バーワイズ, ジョン・ペリー (1992).『状況と態度』, 土屋俊他訳, 産業図書.

[7] Michita I., Tetsuo O., & Hiroshi I. (2003). Physical relation and expression: Joint attention for human-robot interaction. *IEEE transaction on Industrial Electronics*, 50(4), 636-643.

[8] 今井倫太・小野哲雄・中津良平・安西祐一郎 (2002).「協調伝達モデル：関係性に基づくヒューマンロボットインタフェース」『電子情報通信学会論文誌』, J85-A(3), 370-379.

[9] デイヴィッド・プレマック (2007).『ギャバガイ！——「動物のことば」の先にあるもの』, 橋彌和秀訳, 勁草書房.

[10] 杉山治・神田崇行・今井倫太・石黒浩・萩田紀博・安西祐一郎 (2008),「人とコミュニケーションロボットの直示的な会話の実現」『ヒューマンインタフェース学会論文誌』, 10(1), 73-86.

[11] Tadakazu K., Hirotaka O., Kazuhiko S., & Michita I.(2002). TEROOS: A Wearable Avatar to Enhance Joint Activities, In Proceedings of the 30th International Conference on Human Factors in Computing Systems, pp. 2001-2004.

索 引

◆ あ 行
アイコンタクト　9, 13, 70, 73-76
AIBO　8
石黒浩　8
イタコシステム　79-83, 88-91
意図的注意　35, 38, 41-50
インタラクション　15-26, 53, 69, 81, 92, 106, 109, 112-114, 116, 117
ENON　7
岡田美智男　9
音声認識　2, 5, 20, 29

◆ か 行
会話　1-4, 6-10, 12-17, 20-23, 26, 29, 33, 35-37, 52-54, 65-68, 73, 108-115, 116, 118, 120
可能世界意味論　55-57
感覚の質　24 →クオリア
関係性　26, 78-83, 86-91, 116
関連性理論　22-26, 77
Keepon　9
危険　30-34, 40, 43-52
記述状況　56-67
共創的コミュニケーション　118
共同注意　26, 27, 69-79, 92, 108, 117
共同注意機構　26
QRIO　7
クオリア　24, 25
言語情報　10
五感　23-27, 108-116
心の理論　27, 77, 78, 87-91, 115-117
小嶋秀樹　9
古典的な意味論　55, 57

小林宏　8

◆ さ 行
指示語　11, 57, 70, 72-76, 98, 99, 106
社会性　119, 120, 123
状況　10, 11, 26-29, 31, 33-37, 40, 52, 54, 56-59, 62, 63, 65-70, 76, 78, 82, 87, 90, 92, 98, 104, 106, 108, 110, 117, 120
　──依存表現　29, 31, 35
　──意味論　54-62, 66-68, 76, 117
情報共有　27, 92, 95, 99, 100, 106, 107
人工知能　19, 20, 40, 123
掃除ロボット　5, 7
ソーシャルトラッシュボックス　9

◆ た 行
談話状況　56-67, 69, 72, 73
注意機構　26-31, 33, 35-46, 49, 50, 52, 54, 57, 68, 69, 118
テレプレゼンスロボット　6, 119-121
同時性　99, 107, 108

◆ な 行
NAO　7

◆ は 行
反射的注意　35, 38, 41-43, 46, 47, 50
Beam　4, 6
飛行ロボット　5
人の認知特性　22, 117, 123
ヒューマン・コンピュータ・インタラクション　19-21
フレーム問題　40, 41

Pepper 7, 79
HOSPI 4
ボット（bot） 120

◆ ま 行
マーズパスファインダ 5
ムー 9

◆ ら 行
ロボビー 4, 7, 112

◆ わ 行
ワカ丸 7

著者紹介

今井倫太（いまい・みちた）

慶應義塾大学理工学部情報工学科教授

1993 年慶應義塾大学理工学部学部卒，2002 年博士課程修了。工学博士。94 年より日本電信電話株式会社ヒューマンインタフェース研究所にて仮想コミュニケーション研究に従事し，97 年より国際電気通信基礎技術研究所（ATR）へ研究員として出向，2002 年より慶應義塾大学理工学部情報工学科に助手として赴任。講師，助教授を経て，2014 年より現職および ATR 知能ロボティクス研究所研客員究員。2017 年ドコモモバイルサイエンス賞社会科学部門優秀賞受賞。人とインタラクションできる知能システムの研究をしています。近年は，道案内や宣伝，介護，教育，IoT システムに必要となるマルチモーダルな音声対話機能の開発や，CG エージェント・ロボットの認識機能や振る舞い生成の観点から開発を行っています。特に，人から見てシステムの行動理由が分かる透明性の高い人工知能システムの実現が目標です。

ファシリテータ紹介

内村直之（うちむら・なおゆき）

科学ジャーナリスト

1952 年東京都生まれ。81 年東京大学大学院理学系研究科物理学専攻博士課程満期退学。物性理論（半導体二次元電子系の理論）専攻。同年，朝日新聞入社。同社福井，浦和支局を経て，東京・大阪科学部，西部本社社会部，『科学朝日』，『朝日パソコン』，『メディカル朝日』などで科学記者，編集者として勤務した後，2012 年 4 月からフリーランスの科学ジャーナリスト。基礎科学全般，特に進化生物学，人類進化，分子生物学，素粒子物理，物性物理，数学，認知科学などの最先端と研究発展の歴史に興味を持ちます。著書に『われら以外の人類』（朝日選書，2005 年）『古都がはぐくむ現代数学』（日本評論社，2013 年）など。新聞記事，雑誌記事など多数。2012 年から慶応義塾大学で「ライティング技法ワークショップ」，2013 年から法政大学で「社会と科学」の講義を担当，2014 年から北海道大学 CoSTEP で客員教授としてライティングなどを指導しています。

アドバイザ紹介

植田一博（うえだ・かずひろ）

東京大学大学院大学院総合文化研究科教授

当初経済学部に入学しますが，その後理系に転じ，1988年東京大学教養学部基礎科学科第二卒。93年東京大学大学院総合文化研究科博士課程修了，博士（学術）取得。東京大学大学院総合文化研究科助手，助教授，准教授を経て2010年情報学環教授，2013年総合文化研究科教授。創造性研究，熟達化研究，日本伝統芸能の技の分析，行動経済学，アニマシー知覚研究，錯覚研究などに従事しています。高次認知を中心とした人間の認知活動の解明と，その工学的，社会的な応用を目指しています。現在の主要な研究領域は認知科学，認知脳科学ですが，人間の認知行動がそれを取り巻く社会や人工物へ与える影響を議論するような研究（例えば，社会性認知に関する研究，人と人工物のインターラクションに関する研究など）も研究対象に入っています。今後は特に，芸術がもつ意味や芸術家の創作プロセスを認知科学，認知脳科学の観点から解明したいと考えています。

『認知科学のススメ』シリーズ 8
インタラクションの認知科学

初版第1刷発行	2018年6月22日

監　　修	日本認知科学会
著　　者	今井倫太
ファシリテータ	内村直之
アドバイザ	植田一博
発行者	塩浦　暲
発行所	株式会社　新曜社
	101-0051　東京都千代田区神田神保町3-9
	電話（03）3264-4973（代）・FAX（03）3239-2958
	e-mail：info@shin-yo-sha.co.jp
	ＵＲＬ：http://www.shin-yo-sha.co.jp/
印　　刷	星野精版印刷
製　　本	イマキ製本所

Ⓒ IMAI Michita, UCHIMURA Naoyuki,
UEDA Kozuhiro, 2018 Printed in Japan
ISBN978-4-7885-1581-9　C1011

———— 新曜社の本 ————

知能と人間の進歩
遺伝子に秘められた人類の可能性

ジェームズ・フリン 著
無藤隆・白川佳子・森敏昭 訳

A5判160頁
本体2100円

社会脳ネットワーク入門
社会脳と認知脳ネットワークの協調と競合

苧阪直行・越野英哉 著

A5判240頁
本体2400円

利己的細胞
遺伝子と細胞の闘争と進化

帯刀益夫 著

四六判288頁
本体2600円

ヒト、この奇妙な動物
言語、芸術、社会の起源

ジャン=フランソワ・ドルティエ 著
鈴木光太郎 訳

四六判424頁
本体4300円

洞察の起源
動物からヒトへ、状況を理解し他者を読む心の進化

リチャード・W・バーン 著
小山高正・田淵朋香・小山久美子 訳

四六判336頁
本体3600円

誰のためのデザイン? 増補・改訂版
認知科学者のデザイン原論

D・A・ノーマン 著
岡本明・安村通晃・伊賀聡一郎・野島久雄 訳

四六判520頁
本体3300円

支配的動物
ヒトの進化と環境

P・エーリック & A・エーリック 著
鈴木光太郎 訳

A5判416頁
本体4200円

ディープラーニング、ビッグデータ、機械学習
あるいはその心理学

浅川伸一 著

A5判184頁
本体2400円

＊表示価格は消費税を含みません。